Heinz Jürgen Kersting, Lothar Krapohl,
Gerhard Leuschner (Hrg.)

Diagnose und Intervention in Supervisionsprozessen

IBS Institut für Beratung und Supervision
Aachen

Schriften des Institus für Beratung und Supervision

CIP-Titelaufnahme der Deutschen Bibliothek

Diagnose und Intervention in Supervisionsprozessen / IBS,
Inst. für Beratung u. Supervision. Heinz Jürgen Kersting ...
(Hrg.). - Aachen : Kersting, 1988
  (Schriften des Instituts für Beratung und Supervision)
  ISBN 3-9801175-2-9
NE: Kersting, Heinz J. [Hrsg.]; Institut für Beratung und Supervision
  <Aachen>

Redaktion: UlrikeBartels
Umschlaggestaltung: puckel production
Satz: context, Büro für Satz und Gestaltung GmbH, Aachen
Druck: Klenkes Druck und Verlags GmbH, Aachen

© 1988 Dr. Heinz Jürgen Kersting Verlag
Vertrieb: Institut für Beratung und Supervision, Heckstr. 25, 5100 Aachen, Tel.: 0241/554815

ISBN 3-980 1175-2-9

Inhaltsverzeichnis

0. Vorwort der Herausgeber — 5
1. Gerhard Leuschner — 8
   Fragen zum gesellschaftlichen Standort von Supervision
2. Gerhard Wittenberger, Inge Zimmer — 23
   Introspektion und Gegenübertragung als diagnostische Mittel in der Supervision
3. Vorbemerkungen zu den Artikeln — 31
   von Wolfgang Boettcher und Albert Bremerich-Vos
4. Transkript einer Lehrsupervision — 32
5. Albert Bremerich-Vos — 44
   Über Verständigungsaufgaben im Supervisionsprozeß
6. Wolfgang Boettcher — 58
   Überlegungen zum Gesprächstyp „Supervision"
7. Gerhard Leuschner, Johannes Schaaf — 81
   Angewandte Gruppendynamik in der Teamsupervision und Organisationsberatung – ein Arbeitsbericht
8. Elfi Gorges, Lothar Krapohl — 100
   Wahrnehmungszugänge in der Supervision
9. Heinz Jürgen Kersting, Angelica Lehmenkühler-Leuschner — 114
   Konfrontation in der Supervision
10. Aachener Supervisionstage — 124
11. Fortbildungsinstitut für Supervision, Münster — 125
12. Institut für Beratung und Supervision, Aachen — 126

Vorwort der Herausgeber

1985 saßen Supervisoren und Supervisorinnen aus Aachen und Münster beisammen, die durch gemeinsame Ausbildungszeit, in Balintgruppen und als Supervisoren/innen-Kollegen viele Jahre hindurch verbunden sind. Im Gespräch stellten sie fest, daß sie ungefähr zur selben Zeit die gleiche Idee gehabt hatten. Nämlich die Aus- und Weiterbildung von Supervisoren/innen selbst in die Hand zu nehmen, und dazu auch den institutionellen Rahmen zu schaffen. So waren damals das „Fortbildungsinstitut für Supervision e.V." in Münster und das „Institut für Beratung und Supervision" in Aachen entstanden. Beide Institute sind unabhängig von der Trägerschaft von Universitäten, Fachhochschulen, Wohlfahrtsverbänden und öffentlich-rechtlichen Körperschaften.
Die Gründer/innen verstanden ihren Entschluß als einen Schritt in die Richtung der Professionalisierung der Supervision: Emanzipation aus der Fremdbestimmung durch andere Professionen, die Gründung eigener Ausbildungsgänge konzipiert und durchgeführt von Angehörigen der Profession selbst und die Entwicklung einer eigenen Supervisionstheorie und Berufsethik.
Diese vergleichbare Idee der beiden Gruppen gebar eine weitere Idee: ein Forum für Supervisoren/innen und Interessierten an Supervision, auf dem Erfahrungen mit Supervision ausgetauscht, Gedanken und Theorien zur Supervision entwickelt und von und miteinander gelernt werden konnte. Es schien den Diskutanten/innen von 1985 sinnvoller, zunächst in dieser Form die Professionalisierung des Supervisionsberufes voranzubringen, als einen Berufsverband mit Statuten und Formalien zu gründen. Würde sich Supervision in absehbarer Zeit zur eigenständigen Profession entwickeln – zur Zeit gibt es nur sehr wenige professionelle, d.h. hauptberuflich tätige Supervisoren/innen –, dann, so meinen die Gesprächspartner von damals noch heute, würde sich folgerichtig aus den Erfordernissen des Berufes sicher so etwas wie eine berufliche Standesorganisation bilden. Bis dahin könnte über die einzelnen Ausbildungsschulen hinweg ein solches Gesprächsforum Bezugspunkt für die an der Entwicklung von Supervision Interessierten und Heimat für die mit Supervision Beschäftigten bieten. So entstanden die „Aachener Supervisionstage".
1987 im Mai wurden die ersten Aachener Supervisionstage durchge-

führt. An ihnen nahmen 80 Supervisoren/innen und einige an Supervision interessierte Vertreter/innen aus der Praxis teil. Gerhard Leuschner brachte seine reiche Erfahrung als Inititator und als Mitarbeiter der Workshops für Supervision in Münster mit ein, Heinz Kersting seine reiche Kongreß- und Fortbildungserfahrung, die übrigen Aachener ihren Elan. Sie stellten auch den Tagungsort. Die beiden Institute übernahmen Planung und Organisation.

Die ersten Aachener Supervisionstage standen unter dem Thema, des hier vorgelegten Readers. Jedoch handelt es sich bei diesem Buch nicht um einen der sonst üblichen Tagungsberichte. Wir baten die von den Instituten gewonnenen Arbeitskreisleiter/innen zu dem Thema ihres Arbeitskreises einen Artikel zu verfassen, in dem sie ihre Sicht der Materie darstellen und die von den Teilnehmer/innen des Arbeitskreises beigesteuerten Erfahrungen und Ergebnisse verarbeiten sollten. Die Überschriften der Artikel sind also mit den Themen der Arbeitskreise auf den Aachener Supervisionstagen 1987 identisch. Außerdem veröffentlichen wir das leicht überarbeitete Eröffnungsreferat von Gerhard Leuschner.

Die Herausgeber ließen den Autoren/innen alle Freiheit für ihre Aufgabe, Lektorin und Herausgeber griffen nur behutsam in die Endprodukte ein. Daher erklärt sich die Unterschiedlichkeit der einzelnen Beiträge. Gerade diese Verschiedenheit finden wir spannend und anregend. Sie stellt gleichzeitig ein anschauliches Bild dar für die kreative Vielfalt supervisorischer Theoriebildungsprozesse. Wichtig für uns war, daß hier Supervisoren und Supervisorinnen, jenseits von Karriereliteratur für Kollegen und Kolleginnen schreiben. Auch das gehört zu einer sich entwickelnden Profession, daß nämlich eine das professionelle Handeln wirklich befruchtende Schreibweise selbst noch im Professionalisierungsprozeß zu entwickeln ist.

Zur Zeit laufen die Vorbereitungen für die zweiten Aachener Supervisionstage 1988. Das Thema entwickelten die Teilnehmer/innen der ersten Supervisionstage in Aachen 1987 im Abschluß- und Auswertungsplenum: „Supervision in verschiedenen Arbeitsfeldern. Institutionelle Rahmenbedingungen und supervisorische Professionalität." Bei einer Wiederholung einer gelungenen Veranstaltungsform kann noch keiner von der Begründung einer Tradition sprechen, aber ein Tor ist aufgestoßen, wie es das Emblem der Aachener Supervisionstage zeigt.

Inzwischen hat sich die Institutionsform der Aachener Supervisionstage – auch das ein Kennzeichen des Professionalierungsprozesses – grundlegend verändert. Verantwortlich sind nicht mehr die beiden Institute, sie übernehmen nur noch die organisatorische Trägerschaft. Auf den ersten

Aachener Supervisionstagen wurde eine „nonprofit-Gesellschaft" gegründet, bestehend aus den Arbeitskreisleiter/innen, also den hier in diesem Buch versammelten Autoren und Autorinnen, sowie Christiane Beilfuß und Oriana Kallabis. Dieses Veranstaltungsteam plant inhaltlich und methodisch die zukünftigen Supervisionstage. Selbstverständlich arbeiten alle Mitglieder des Veranstaltungsteams – wie auch die Leiter/innen der Arbeitskreise der zweiten Aachener Supervisionstage ohne Honorar. Etwaige Überschüsse der Veranstaltungen sind als Druckkostenzuschuß zu vergleichbaren Veröffentlichungen wie dieser bestimmt. Gedacht ist z.B. an die Herausgabe eines Jahrbuches der Supervision.

Der Überschuß der ersten Aachener Supervisionstage 1987 in Höhe von 1.500,- DM, der allerdings nur zustande kam, da je zwei Mitglieder der beiden Institute schon damals ohne Honorar arbeiteten, wurde als Druckkostenzuschuß für dieses Buch zur Verfügung gestellt. Die Herausgeber hoffen, mit den Beiträgen dieses Buches die Diskussion um die Supervision zu beleben, und den in der Praxis stehenden Supervisoren/innen Anregungen zu geben.

Aachen und Münster im Februar 1988   Heinz Jürgen Kersting
Lothar Krapohl
Gerhard Leuschner

Gerhard Leuschner

Fragen zum gesellschaftlichen Standort von Supervision

Zur Ausgangssituation

Supervisoren finden es zunehmend interessanter, Teamsupervision zu machen. Sie verlassen ihre Beratungsstube, wo sie in einem klar festgelegten Setting mit ritualisierten Kontraktnormen Einzelsupervision oder auch Gruppensupervision durchführen. Supervisoren begeben sich auf den „Marsch in die Institutionen".
Warum machen Supervisoren das? Warum bleiben sie nicht in ihrer Beratungsstube? Ist es eine Marktfrage? Kommen nicht oder nicht mehr genug Supervisanden zu ihnen? Müssen sie sich neue Arbeit suchen, um nicht arbeitslos zu werden?
Was ist denn daran interessant, in die Institutionen zu gehen? Welche Wünsche und Absichten verbinden sich mit diesem Schritt?
Fest steht: Seitdem Supervision auch und zwar zunehmend in Institutionen stattfindet, verliert sie ihr geheimnisvolles Fluidum. Was in Supervision geschieht und wie es geschieht, das wird transparent, das wird öffentlich. Ob Supervisoren kasuistisches Material geheimhalten oder zur Diskussion stellen, das mag eine Frage in Fachgremien oder Fachdiskussionen bleiben. Aber es ist in und zwischen Institutionen offen verhandelbar, **wo** und **wie** Supervisoren in dieser oder jener Einrichtung arbeiten.

Ich kenne kein Gremium, keine Fachtagung, wo im vorhinein die Frage überlegt wurde, ob Supervision aus dem geschützten Raum der Beratungsstube in die fremde Atmosphäre des Arbeitsalltages von Institutionen gehen soll und was denn Sinn, Zweck und Ziel dieses Weges sein kann. So gehe ich davon aus, daß sich dieser Schritt pragmatisch entwickelt hat, wie das Instrument Supervision ja überhaupt eine pragmatische Entwicklungsgeschichte aufweist.
Institutionsvertreter oder Supervisoren kamen auf die Idee: Es wäre

doch ganz gut, wenn man dieses oder jenes Praxisproblem nicht beim Supervisor in der Einzel- oder Gruppensupervision besprechen würde, sondern unmittelbar in der eigenen Arbeitsgruppe, im Team vor Ort mit den beteiligten Kollegen oder Mitarbeitern, ohne oder mit dem Chef. Solche Ideen wurden interessant und plausibel in der konkreten Praxissituation gefunden und das „Experiment" begann. Die Erfahrung ergab, daß solche Gespräche bzw. Sitzungen halfen, diesen oder jenen Aspekt in der Arbeit deutlicher, klarer zu sehen, daß die Aussprache hier oder dort Entlastung bewirkte und dies war Grundlage für die Folgerung: Das bringt etwas! Also wurden solche Sitzungen wiederholt, kopiert, vervielfältigt. Und so wurde Teamsupervision geboren.

Häufig werden begeisterte Praktiker erst dann wirklich nachdenklich, wenn sie gestoppt und ernüchtert werden. Erst hier wird klar, daß Supervision in der Institution nicht prinzipiell das Gleiche ist wie in der Beratungsstube des Supervisors. Erst hier wird erlebt und somit erfahren, daß Supervision aus dem Getto einer sich selbst bestimmenden Arbeitsform mit geheimen oder geheimnisumwitterten Grenzen herausgetreten ist in die offene und öffentliche gesellschaftliche Auseinandersetzung um Arbeit. Was Arbeit bedeutet, was sie soll und wie sie zu geschehen hat, das bestimmen hier nicht mehr Supervisoren und Supervisanden allein, sondern das bestimmen jetzt auch die Institutionen, in denen Supervision stattfindet. Kontraktverhandlungen werden **triadisch** und öffentlich. Zudem werden sie aufgrund der komplexeren Interessen der nunmehr **drei** Parteien den gesellschaftlich üblichen Marktgesetzen angepaßt.

Ich möchte dies am Beispiel belegen:

Ein Heim mit ca. 20 hauptamtlichen Mitarbeitern sucht einen Teamsupervisor. Der Heimleiter ruft beim Supervisor an und fragt diesen, ob er bereit sei, die Teamsupervision zu übernehmen. Vereinbart wird ein Kennenlern- und Kontraktgespräch mit dem Team. In dem Gespräch wird über Konzept-, Methoden- und Inhaltsfragen gesprochen. Formfragen wie Zeit und Geld kommen ebenfalls zur Sprache. Eine schnelle Vereinbarung scheint leicht in Sicht für den Supervisor. Gegen Ende des Gesprächs kommt von Seiten des Teams bzw. des Heimleiters heraus, daß man noch zwei weitere Supervisoren zur Vorstellung geladen habe und danach entscheiden werde, mit welchem Supervisor man arbeiten werde. Der Supervisor ist überrascht und gekränkt und kann zum Abschied nur noch herausquetschen, daß er auch noch Überlegenszeit brauche. Das Team versteht das und verabschiedet den Supervisor freundlich.

Was ist passiert: Der Heimleiter und das Team definieren die Suche nach einem Supervisor wie jede andere Personalbesetzung mit dem Unterschied, daß man diese „Stelle" nicht ausschreibt, sondern sich nach Empfehlungen Kandidaten zum Gespräch herbeibittet. Selbstverständlich ist, daß diese Vorstellungsgespräche unverbindlich sind und keine Teamentscheidung präjudizieren. Teammitglieder genießen solche Gespräche auch deshalb, weil sie Entscheidungsmacht spüren; in der Regel spricht hier nicht der Träger wie bei anderen Personaleinstellungen das letzte Wort. Juristisch ist das für den Träger schließlich nicht so wichtig, weil es bei solchen Honorarverträgen kaum arbeitsrechtliche Konsequenzen gibt.

Der Supervisor definiert die Szene so: Er ist angefragt worden, er hat sich nicht beworben. Er ist als Experte zum Kontrakt- und nicht zum Bewerbungsgespräch geladen worden. Vom Erwählten – was schmeichelhaft war – wird er zum Bewerber gemacht, was er entweder nicht nötig hat, weil er genügend Aufträge und einen hohen Bekanntheitsgrad hat. Oder er hat es wegen seines Anfängerstatus bzw. mangelnder Arbeitsaufträge besonders nötig, will das auf diese Weise aber nicht konfrontiert wissen. Er fühlt sich bloßgestellt.

Wir haben es hier mit zweierlei Realitäten zu tun, die aufeinander prallen, a) die übliche gelernte Supervisions-Norm heißt: Supervisoren werden wie Berater oder Psychotherapeuten angefragt und entscheiden nach einem Kontraktgespräch. Supervisoren bewerben sich nicht um Supervisanden oder Supervisionen.
b) In Institutionen erfolgt jede Stellenbesetzung über Bewerbung; nur in Ausnahmefällen erfolgen Berufungen.

In der Gesellschaft ist es bei Verhandlungen üblich, daß jeder seine Verhandlungsrealität als allgemeingültig erklärt, das vollzieht sich unreflektiert einfach so. Das bedeutet, wer die Definitionsmacht hat, der benutzt sie in Form von Setzung. Angefragte Supervisoren haben sich also in der Regel zuallererst mit einer solchen Setzung zu befassen und herauszufinden, was die Institution denn für Bewerbungsnormen oder Eröffnungsrituale gesetzt hat. Supervisoren erleben in der Regel in ihrer Beratungsstube solche Setzungen durch einzelne Supervisanden nicht, bzw. haben es leicht, hier durch Gegensetzung das Eröffnungsritual zu bestimmen.

Die Schlußfolgerung heißt: Supervision in Institutionen unterliegt üblichen gesellschaftlichen Marktgesetzen von Kauf und Verkauf. Supervisoren sind also gehalten zu lernen, Bewerbungs- und Verkaufsgespräche zu führen. Und sie müssen nunmehr als Kaufleute lernen, ihr Experten-Größenselbst mit einer Kränkungsgefahr zu konfrontieren. Wie ein Supervisor seine „Verkaufsbude" auf dem Beratungsmarkt im Detail ausstattet und handhabt, dafür gibt es natürlich verschiedene Möglichkeiten, Geschicklichkeiten, Know-how. Aber im Grundsatz ändert das an der Gültigkeit der gesellschaftlichen Marktgesetze nichts. Die Fähigkeit liegt im Verhandeln, nicht im Grundsatz, ob man solche Setzungen akzeptiert oder nicht.

Neben der Fähigkeit zu Verhandeln wird in solchen Eröffnungsszenen notwendigerweise trainiert, klar und überzeugend die eigene Person und das Supervisions-Konzept vorzustellen. Dazu muß man erklären lernen, was man wie und warum tut. Es reicht nicht mehr aus, darauf zu verweisen, daß man Supervision **erleben** müsse und nicht **erklären** könne. Je mehr die Institutionsvertreter darauf bestehen und je mehr Supervisoren und „sogenannte Supervisoren" unterschiedlicher fachlicher Herkunft sich auf dem Markt tummeln, umso notwendiger wird es, daß Supervisoren ihre Selbst- und Fachdarstellungen erlernen. Wenn man diese Fähigkeiten nicht primär verkaufsstrategisch sondern auch fachlich fundierend betreibt, dann kann das der Weiterentwicklung der professionellen Qualifizierung nur dienen.

Um Mißverständnisse zu vermeiden: Ich rede nicht einer blinden Marktanpassung das Wort, so wie das heute dem gesellschaftlichen Zeitgeist entspricht: Demjenigen ist Erfolg versprochen, der technisch perfekt, leistungsorientiert, anpassungsbereit und bis zur eigenen Unkenntlichkeit flexibel den jeweiligen Anforderungen entspricht. Ich spreche vielmehr für einen alten Supervisions-Grundsatz: Die gesamte soziale Szene muß diagnostiziert, muß verstanden werden und dann ist abzuwägen, was zu tun ist.

Welche neuen Verhandlungs- und Kontraktmuster lassen sich entwickeln auf der Grundlage der vorgegebenen Situation? Hier ist die Entwicklung neuer Kontraktkonzepte gefragt und nicht starres Beharren auf Hergebrachtem, das sich aufgrund der Machtverhältnisse nicht übertragen läßt.

Zur Entwicklung neuer Kontraktkonzepte

Mit einem zweiten Beispiel möchte ich die gesellschaftliche Situation von Supervision weiter beleuchten:

In einer Klinik findet Team-Supervision ohne den ärztlichen Leiter statt. Dies war der Wunsch der Mitarbeiter und wurde vom ärztlichen Leiter akzeptiert mit der Begründung, alle Mitarbeiter fühlten sich ohne Chef freier in der Bearbeitung ihrer Patienten- und Kollegenprobleme. Implizit gilt als vereinbart, daß über Inhalte der Supervision mit dem Chef nicht gesprochen wird. Der Chef nimmt ab und an mit dem Supervisor Kontakt auf und erzählt seine Sicht der Kliniksituation. Dabei äußert er sich auch beiläufig über Alltagsprobleme, die seines Erachtens in der Supervision zur Sprache kommen könnten. Er versteht dies als Anregung, nicht als Supervisions-Auftrag. Der Supervisor gibt keine Auskünfte über Supervisions-Abläufe. – Eines Tages wird in einer Supervisions-Sitzung über ein Intimverhältnis eines anwesenden Therapeuten zu einer Patientin berichtet. Im Team ist die Angelegenheit bekannt geworden, und es entsteht große Sorge, daß es auch unter den Patienten bekannt werden und sich daraus Erpressungsversuche von Patientenseite ergeben könnten. In der Team-Supervision werden die möglichen institutionellen Folgen einer solchen Beziehung angesprochen. Der Therapeut will die Beziehung zu der Patientin beenden; das Team will die Sache nicht an die große Glocke hängen. Wenige Tage später erhält der ärztliche Leiter vom Träger der Klinik Nachricht über den Vorfall. Ein Patient hat in einer Beschwerde an den Träger u.a. den Vorfall erwähnt. Der Träger hat Sorge, daß die Öffentlichkeit davon erfährt, und entsprechend ist der ärztliche Leiter unter Druck. Dieser befragt den Supervisor, warum er von der Sachlage nicht unterrichtet worden sei. Der Supervisor beruft sich auf seine Schweigepflicht gegenüber dem Team. Der Chef definiert: Wenn die Existenz der Klinik auf dem Spiel steht, gilt die Schweigepflicht nicht mehr. Der Supervisor wird entlassen.

Hier kann man beginnen, die Grenzen oder die Unbegrenztheit der Vertraulichkeit und der Schweigepflicht in der Supervision zu diskutieren. Es gibt gewichtige Argumente für das Verhalten des Supervisors und ebenso gute für die Bewertung seitens des ärztlichen Leiters. Dies ist zunächst nicht meine Diskussionsebene. Vielmehr haben m. E. alle Beteiligten übersehen, daß in dieser Supervision – und das gilt für alle vergleichbaren Supervisionen – nicht mehr der eindimensionale Kontrakt Supervisor-Supervisionsgruppe ausreicht, sondern daß ein Arbeitsbündnis zwischen drei Parteien zu schließen wäre. Hinzu kommt also die Institution als dritte Partei mit eigenen Interessen und Bedingungen, die man nur solange umgehen oder auf Sparflamme halten kann, wie kein gravierender Interessenkonflikt zutage tritt. Bestandteil des Kontraktes, **des Dreieckskontraktes**, ist die Entscheidung über Grenzen oder Unbegrenztheit der Schweigepflicht. Und: wann ist der Supervisor im Konflikt mehr den Supervisanden oder mehr der Institution verpflichtet? Bei der Diskussion dieser Frage entscheiden sich Supervisoren letztlich auch dahingehend, wer in der Team-Supervision zum Supervisanden-System gehört, oder schärfer: wer eigentlich der Auftraggeber ist und wo und wann mit wem Supervision aufhört.

Die Frage nach dem Auftraggeber

Bisher wurde deutlich, daß sich mit dem Beginn von Supervision in Institutionen die Kontraktszene zum sogenannten Dreieckskontrakt hin verändert hat. Warum wird meist dennoch nicht von Anfang an entsprechend gehandelt?
Wenn ein Supervisor den oben genannten Konflikt als Möglichkeit vorhersieht und im Kontrakt seine Position festlegt, dann muß er seinen Standort bestimmen. Er muß sich entscheiden, wer im Zweifelsfall Supervisand, d.h. sein Mandant ist. Der Supervisor kann an dieser Stelle nicht mehr abstinent bzw. überparteilich sein, sondern er nimmt, wie auch immer er sich entscheidet, eine Gewichtung der Interessen vor. Der Supervisor entscheidet für den Konfliktfall, ob er letztlich Supervisor der Institution oder Supervisor der Mitarbeiter ist.
Im zitierten Fall vertrat der Supervisor das Konzept: Die Team-Supervision ist ein Gesprächs- und Reflektionsort der Mitarbeiter. Die Vertraulichkeit bietet den **Schutz**, daß alle Arbeitsprobleme unter dem Siegel der Verschwiegenheit besprochen werden können. Der Supervisor versteht sich als Aufklärer, der keine Entscheidungstendenzen anzielt. Deshalb fühlt sich dieser Supervisor auch nicht verpflichtet, die Existenz der Klinik mit sichern zu helfen. Er wird natürlich die Supervisanden reflektierend konfrontieren mit der Frage, wie weit für sie (bzw. speziell für den betroffenen Therapeuten) die Geheimhaltung oder alternativ, das offene Gespräch mit dem Chef, als Möglichkeiten bedacht wurden. Aber dieser Supervisor bleibt streng enthaltsam in Bezug auf eigene Entscheidungstendenzen.
Wenn sich ein Supervisor grundsätzlich als Supervisor der Institution entscheidet, dann wird er darauf dringen, daß im vorliegenden Fall ein Gespräch mit dem Chef – möglichst in der Supervision – stattfindet. Er wird mit dem Chef übereinstimmen, daß Schaden von der Institution abgewendet werden müsse, und er wird eine so weit wie möglich moderate Lösung für den Mitarbeiter suchen. Und in dem „soweit wie möglich" liegt bei aller schlichtenden Konfliktlösungssuche die Grenze und d.h. letztlich die Entscheidung für die Institution.

Der Verlust von Über-Parteilichkeit

Meine These heißt nun: Im Dreieckskontrakt suchen alle Beteiligten möglichst die Entscheidung zu umgehen, ob letztlich die Institution, das Team der Mitarbeiter oder der einzelne Mitarbeiter Supervisand ist und die damit verbundenen Schutzrechte beanspruchen kann.
In der Konzeptdiskussion flammt zwar immer wieder anhand von Beispielen oder Stellungnahmen einzelner Supervisoren diese Frage auf. Aber auch hier bleibt letztlich undiskutiert, ob Team-Supervision im Konfliktfall eine Supervision für die Institution ist oder eine für die Mitarbeiter. Ist diese Frage grundsätzlich zu beantworten, oder können Supervisoren je nach Auftrag oder Problemanfrage von Fall zu Fall Team-Supervisoren oder Institutions-Supervisoren sein? Ist es also eine Bekenntnisfrage? Oder kommt es nur darauf an, daß in der konkreten Supervision Klarheit besteht? Oder ist gerade heute eine solche Klarheit möglichst zu vermeiden, weil sie dem gesellschaftlichen Zeitgeist nicht entspricht? Müssen sich Aufklärer eher bedeckt halten, um nicht auch als Supervisoren arbeitslos zu werden?
Ich möchte dieses Problem anhand einer kleinen Geschichte illustrieren:

Der Leiter einer großen Erwachsenenbildungsinstitution, die im Laufe der letzten zehn Jahre ihr Kursangebot quantitativ vervielfacht hat, sagt dem Supervisor beim Abschlußgespräch einer längeren Supervision, seine eigentliche Berufsfrage sei ständig, wie er mit seiner Institution auf einem konkurrierenden Bildungsmarkt expandieren könne, um nicht unterzugehen. Diese Ausweitung als Notwendigkeit der Institutions- und Arbeitsplatzerhaltung sei sein eigentliches Berufsthema und dafür Strategien zu entwickeln, sei sein Wunsch an Supervision gewesen. Ob es denn nicht antiquiert sei, wenn sich der Supervisor in Anbetracht dieser Problemlage mit Fragen aufhalte, wie zum Beispiel, ob bestimmte Kursangebote für die Adressaten sinnvoll seien; oder mit der Frage, was ein Kursangebot bei den Teilnehmern erreicht oder verhindert; oder gar damit, ob die Erwachsenenbildungsinstitution noch die Zielsetzungen verfolge, unter denen sie einmal angetreten war. Ob die Institution sich also verfremdet hat? Der Supervisand meinte, ein Supervisor mit solchen Fragestellungen lebe in einer antiquierten Welt. Dieser Supervisand wünschte für seine Praxissituation keine aufklärende Reflexion über die Institution, in der er arbeitet. Er wollte Ziele und Handlungsweisen nicht infrage gestellt wissen. Daran, so meinte er, könne er sowieso nichts ändern. Dieser Supervisand wünschte strategische Hilfen, derart, daß er die vorgegebenen Ziele optimaler verwirklichen könne. – Was würden Sie diesem Supervisanden sagen?

Supervisoren, die in Institutionen gehen, verlieren ihren moderaten Status von Unparteilichkeit, sie werden gesellschaftlich gestellt. Und somit ist hier für die Institution Supervision der Zustand embryonaler Objektivität vorbei, die Diskussion um Standortsuche vollzieht sich, die Einordnung beginnt, auch wenn wir davor zurückschrecken. Supervisoren müssen hier eine **eigene Identität** entwickeln. Das bedeutet, es reicht für die Eigenständigkeit der Profession auf Dauer nicht mehr aus, die Abstinenz- und Parteilichkeitsregeln aus dem Setting der Psychoanalyse zu kopieren oder über funktionalistische Ansätze, Modelle aus der Organisationsberatung zu übernehmen. Pragmatische Adaption mag technische Tüchtigkeit und wirtschaftlichen Erfolg bewirken, aber die Glaubwürdigkeit des beruflichen Handelns wird so nicht erreicht. Man kann nicht glaubwürdig mit anderen an deren Arbeits- und Berufsproblemen arbeiten, deren Hintergründe und Zusammenhänge durchleuchten und dies gleichzeitig in bezug auf die eigene Arbeit und den eigenen Beruf unterlassen.

Sehr häufig wird die Klärung des Dreieckskontrakts strukturell umgangen. In vielen Team-Supervisions-Kontrakten macht der Supervisor die gesamte Kontraktverhandlung nur mit dem Team. Das heißt, die Institution delegiert ihren Kontraktteil scheinbar an das Team. Da diese Delegation in institutioneller Unkenntnis wegen mangelnder Erfahrung, mögliche Interessenskonflikte nicht vorhersieht, sind derartige Konflikte auch nicht in den Kontrakt eingeschlossen. Der Supervisor kann sich also im Konfliktfall nicht auf den Kontrakt berufen. Wie in meinem Beispiel geschehen kann jede Partei definieren, getreu dem Motto: „Ich oder wir haben selbstverständlich gedacht, es ist so und nicht anders zu verstehen." Bekanntlich entscheidet in solchen Situationen immer der Mächtigste darüber, was für alle zu gelten hat.

Zweierlei Interessen: Aufklärung versus Funktionalität

Wenn also das Bewußtsein des Supervisors in bezug auf Interessenkonflikte in Teamsupervisionen aufgrund der reflektierten Erfahrung weiterentwickelt ist als das Bewußtsein der Institution, dann wäre eigentlich sachlich klar, wie der Supervisor entsprechend seiner professionellen Kenntnis im Kontrakt zu handeln hat. Aber: ist das psychologisch und politisch auch so eindeutig?

Hierzu ein Beispiel:

Ein Supervisor arbeitete seit einiger Zeit mit dem Leitungsteam eines Priesterseminars, wobei es um deren Rollenklärung und Kooperationsverhalten untereinander ging. Als dann allmählich die Frage Konzeptentwicklung und Kooperation mit den Studenten Thema wurde, kam von seiten des Leitungsteams immer mehr der Gedanke auf, eine mehrtägige Kooperationsdebatte mit dem Ziel der Weiterentwicklung des Konzepts mit den Studenten gemeinsam zu diskutieren. Zunächst entwickelte sich dabei ein für alle erfreuliches Gespräch, wobei man Wünsche und Alltagskritik austauschte und nach Verständigung suchte. Es gelang, in einigen Details Regelungen zu finden, die das Zusammenleben erleichtern. Die Atmosphäre wirkte offen und verständigungsbereit von allen Seiten. In dieser Atmosphäre fühlte sich ein Student ermuntert zu sagen, daß er sich seit einigen Monaten in dem Priesterseminar nur noch als geduldeter Gast fühle. Dies sei für ihn so, seitdem er sich entschieden habe, zwar weiter Theologie zu studieren, aber nicht Priester zu werden. Einhellig wurde von allen Beteiligten (den anderen Studenten und dem Leitungsteam) dagegen gesetzt, daß es in keiner Weise eine Diskriminierung gebe. Es gelte nämlich der Grundsatz: Die Zeit im Priesterseminar sei eine freie Zeit der Entscheidungssuche und der Klärung der eigenen Berufung. Mit Nachdruck erklärten die Leitenden, daß ihnen dieser Grundsatz der Klärung von Berufung ein zentraler Ausbildungswert sei. Noch nie habe man einen Studenten, der sich so wie der hier Zitierte entscheide, in irgendeiner Weise diskriminiert. Im Gegenteil sei auch ihnen ein Student, der sich nicht für das Priesteramt entscheide, als Zeichen der notwendige Beweis dafür, daß es ihnen mit der freien Entscheidungssuche ernst sei. Die Leitung und die meisten Studenten kamen also sehr schnell überein, es müsse das persönliche Problem – das nicht verarbeitete Schuldgefühl – des Studenten sein, welches sein Gefühl bestimme. Und nun neige er eben dazu, dies auf die Gesamtszene zu projizieren.

Der Supervisor gab sich mit dieser Interpretation nicht zufrieden und forschte nach, wo und in welchen Zusammenhängen dieses Diskriminierungsgefühl bei dem Studenten entstehe. Während dieser Suche fühlte der Supervisor starken Druck von Seiten der Gruppe, die diesen Suchprozeß als überflüssig und zeitvergeudend empfand. Gleichzeitig wurde deutlich, wie sehr sich die Gruppe und insbesondere die Leitung angegriffen fühlte durch den Supervisor. Sie definierten: „Der glaubt uns nicht, wo doch alles auf der Hand liegt. Also ist er parteiisch. Oder agiert er womöglich selbst ein Autoritätsproblem mit der Kirche?" Kurzum: der Supervisor wurde verdächtigt. Unbeirrt forschte er weiter und sammelte einzelne Szenen.

Dabei stellte sich heraus, daß der Leiter des Seminars seit längerer Zeit wegen ständig sinkender Kandidatenzahlen den starken Druck spürte, mehr Priesteramtskandidaten haben zu sollen. Der Bischof mache ihm keinerlei Vorschriften, aber immer häufiger werde dessen Besorgnis ob dieser Entwicklung sichtbar. In bezug auf zwei Mitarbeiter des Leitungsteams wurde deutlich, daß sie als Spirituale aufgrund der Kandidatenschrumpfung kaum mehr Arbeit hatten und nur durch Promotionsvorhaben ihre Legitimation in dieser Stelle vorübergehend noch begründen konnten. Schließlich kam heraus, daß ein nicht geringer Prozentteil der Studenten heimlich mit der Frage rang, ob man nicht auch wie der Kommilitone entscheiden wolle. Die gute Beziehung zu einzelnen Priestern des Leitungsteams habe es ihnen nicht ermöglicht, darüber zu sprechen. Sie fürchteten deren Enttäuschung und wollten doch gerade diese Bezugspersonen nicht verletzen oder kränken. Es entstand große Betroffenheit in der Runde. Der Konflikt zwischen der Norm der freien Entscheidung und dem Ziel, möglichst viele Priester auszubilden, war offenkundig. Der Student, der diese Diskussion eröffnet hatte und einige von denen, die zweifelnd ihre Entscheidung suchten, fühlten sich erleichtert und waren sehr bemüht, alle zu ermuntern, man müsse brüderlich suchen, wie man mit diesem Konflikt leben könne, man müsse nach Lösungen suchen. Die Leitungsmitglieder wirkten geschockt und verhielten sich melancholisch stumm. Dem schloß sich nach und nach die Mehrzahl der Priesteramtskandidaten an. Die kleinere Gruppe der Zweifler und Lösungssucher und der Supervisor versuchten vergeblich, die Leitung und die größere Gruppe der Studenten zur Weiterarbeit zu bewegen. Informell entwickelte sich die Definition: „Der Supervisor hat hier etwas hochgespielt, was es in Wirklichkeit als Konflikt gar nicht gibt. Der Frieden und die bisherige Ruhe und gute Zusammenarbeit ist gestört worden, indem Zweifel und Ambivalenzen, die es bei Berufungen immer gibt, maßlos verstärkt worden sind. Der Student, der als Auslöser wirkte, und der Supervisor sind eine unheilige Allianz eingegangen und – man hätte es ja sofort gesehen – haben ihre Kirchenkonflikte agiert".
Darüber wurde nie mehr geredet. Dem Supervisor wurde mitgeteilt, daß man über das Seminar erst mal nachdenken müsse. Dann werde man über eine Fortsetzung der Supervision entscheiden. Nach einigen Wochen kam die Nachricht, man wolle bzgl. Supervision eine längere Pause machen und werde sich dann wieder melden. Die Pause dauert nun schon mehrere Jahre.

Ich komme zu der Ausgangsfrage für dieses Beispiel zurück: Ist nur systemimmanente Kritik erwünscht? Natürlich haben sich die Leiter der Institution nicht vorstellen können, daß derartige Widersprüche der Institution Gegenstand von Supervision werden können, und noch dazu in der **Gruppe**, also in der Öffentlichkeit.
Wenn man Institutionsleitern oder Vorständen ein solches Beispiel erzählte und fragte, ob Supervision und wenn ja, wie Supervision Ziel-, Normen- und Verhaltenskonflikte der Institution bewußtmachen und

dann bearbeiten solle, was würden diese Verantwortlichen dann sagen? Ich muß lange suchen, um Beispiele zu finden, wo etablierte Institutionen Selbstreflektion zuließen. Ich finde wohl Beispiele, wo dies abstrakt im vorhinein als „selbstverständlich wollen wir das" verkündet wurde. Aber wo darf das über pragmatische, kosmetische Veränderungen hinausgehen? Etablierte Institutionen werden nur sehr begrenzt Supervisanden. Und wer kann sie daran hindern, zu jeder Zeit die Rolle zu wechseln vom Supervisanden zum Arbeitgeber des Supervisors? Glauben wir doch nicht, daß Supervision – und das gilt m.E. für Organisationsentwicklung in gleicher Weise – als Instrument von Analyse und Veränderung von Institutionen zugelassen wird, wenn dies über systeminterne bzw. systemimmanente Ansätze hinausgeht.

Supervision bleibt gesellschaftlich ein Instrument zur Aufklärung und Verhaltensentwicklung von Mitarbeitern bis zur oder besser bis unterhalb der institutionsverändernden Ebene. Institutionsveränderung ist nur dann gefragt oder erwünscht, wenn dies mehr Funktionalität oder Optimierung bereits gesetzter Ziele bewirkt. Der Supervisor als Funktionär einer zweckmäßigen und gebundenen Veränderung ist gefragt, nicht der Supervisor als Aufklärer und Systemveränderer.

Außenseitertum und Systemstörung

Wenn diese Feststellung zutrifft, muß uns das melancholisch stimmen? Oder zucken wir die Achseln und gehen zum nächsten Supervisions-Termin? Oder stellen wir traurig diese Grenze fest und ziehen uns wieder in unsere Beratungsstube zurück? Wie und wo richten wir uns ein? Werden wir müde oder bleiben wir wach? Ergreift die Grenze in Institutionen unser Bewußtsein, unsere Wahrnehmung? Ist die Anpassung eine äußere oder auch eine innere? Margarethe Mitscherlich schreibt in ihrem Buch „Erinnerungsarbeit": „Wer seiner Angst vor der Position des Außenseiters erliegt, gerät in Gefahr, zum Mitläufer zu werden", und sie verlangt von Psychoanalytikern, daß sie sich mit der Rolle des Kritikers und Beobachters, des Selbstkritikers und Selbstbeobachters identifizieren. Und sie folgert daraus, daß Psychoanalytiker, die erinnern, deuten und durcharbeiten, gesellschaftlich gesehen zu **Außenseitern** werden. Dies zu akzeptieren, gehöre zum Psychoanalytikerberuf.

Gilt das für den Supervisor auch?
Die Gesellschaft begegnet dem Supervisor in sozialen und klinischen Institutionen. Die meisten etablierten Institutionen sind nicht demokratisch, sondern hierarchisch strukturiert. Diese Gesellschaft ist mit ihrer demokratischen Verfassung erst etwa vierzig Jahre alt. Die meisten Institutionen, mit denen wir es zu tun haben, sind älter. Sie haben ihre Geschichtlichkeit nach dem Kriege ungebrochen tradiert. Und da, wo Menschen in Gruppen partnerschaftliche, also demnach neue Umgangsformen geübt haben (ich habe das jahrelang in gruppendynamischen Trainings erfahren), hören wir im Wiederholungsfall, daß die Umsetzung neuer Verkehrsformen in die alten Strukturen nicht gelingt.

Dennoch versuchen Menschen unterhalb offizieller Ebene hier und dort anderes Umgangs- und Reflektionsverhalten. Es werden Pfleger in der Psychiatrie oder Sozialarbeiter im Strafvollzug öfter um ihre Meinung gefragt, wenn es um tägliche Entscheidungen im institutionellen Zusammenhang geht. Die kleinen Leute in totalen Institutionen sind nicht mehr überall gehorsam, sondern sie beginnen zaghaft da und dort mitzureden. Sie gilt es zu stärken.

Zum Schluß noch ein anonymisiertes Beispiel aus meiner Praxis, das mir schmerzhaft in Erinnerung ist, und wo ich doch meinen Funken Hoffnung behalten habe, der mich weiter treibt.

In der psychiatrischen Abteilung eines großen Krankenhauses kommt nach zweijährigem Betreiben der Schwestern, Pfleger und Sozialarbeiter eine Team-Supervision zustande. Im Kontraktgespräch gab es die Bedingung, daß sich die Teamsupervision inhaltlich auf Fragen der Zusammenarbeit und auf Arbeitsprobleme zwischen den Mitarbeitern beziehen sollte. Fallbesprechungen machte der Chefarzt wöchentlich mit dem Team. Außerdem wurden dem Supervisor keine Fallbesprechungen zugestanden, weil er kein Psychiater ist. In der nun beginnenden Supervision gab es von Anfang an folgende Auffälligkeiten:
Formal: Die meisten Mitarbeiter waren seit langer Zeit in der Abteilung tätig; sie hatten in Absprache zwischen ihren Wünschen und den Erfordernissen der Institution alle qualifizierende Zusatzausbildungen gemacht und waren dabei großzügig von der Institution gefördert worden. Nach der Zusatzausbildung wurden Sozialarbeiter oder Schwestern und Pfleger oder Beschäftigungstherapeuten zu Gruppentherapeuten ernannt und erhielten eine vergleichsweise sehr gute Bezahlung. All das hatte der Chefarzt konsequent gefördert und beim Krankenhausträger durchgesetzt. Keine andere Abteilung des Krankenhauses hatte vergleichbare Fortbildungsmöglichkeiten und einen derartigen Stellenkegel.
Atmosphärisch: Der Chefarzt nahm an den Supervisions-Sitzungen teil. Er schwieg meistens; auf Befragen machte er ironische oder bissige Bemerkungen zu einzelnen Mitarbeitern hin und unterstrich immer wieder die Inkompetenz die-

ses Teams für die gewichtige und schwere Arbeit mit den Patienten. Konfrontierenden Interventionen seitens des Supervisors schloß er sich meistens an nach dem Motto: „Das habe ich denen ja schon so oft gesagt, es nutzt alles nichts." Der Chefarzt galt als hervorragender Fachmann, dem man ob der eigenen Förderung und Beförderung dankbar war. Die Stimmung im Team wechselte zwischen hektischen Arbeitsphasen und erlahmenden Schweigezeiten, in denen niemandem etwas einfiel. Wenn der Chefarzt manchmal wegen wichtiger Außentermine nicht an der Supervision teilnahm, dann kam leise Kritik an ihm auf. Er habe mit seiner Kritik am Team fast immer recht, aber es sei so entmutigend, daß man gar nicht weiter komme. Wenn man mit den Patienten arbeite, dann fühle man sich oft kräftig und sicher. Und dann habe man Angst vor der nächsten Fallbesprechung, wo sich herausstelle, was man alles nicht gesehen habe. Wenn jemand einen möglichen Stellenwechsel andeutete, dann wurde auf die Privilegien hingewiesen und, was offenbar ebenso wirksam war, darauf, daß man woanders in diesem Fachbereich mit gleichen Schwierigkeiten rechnen müsse, da doch nachgewiesenermaßen die eigene Kompetenz sehr begrenzt sei. Man müsse eben lernen, viel lernen, und der Chefarzt sei eben ein so exzellenter Fachmann. Bemerkenswert ist, daß der Chefarzt außer der Fallbesprechungsgruppe mit den Mitarbeitern und der Teilnahme an der Supervision – aus Zeitgründen – keinerlei Gruppenarbeit machte. Die regelmäßige Großgruppe leitete abwechselnd ein Mitarbeiter, die Kleingruppen wurden von den Gruppentherapeuten geleitet. Der Chefarzt machte Einzelbehandlung und die Visite im klassischen Sinne. Wenn es gelegentlich vorkam, daß ein Mitarbeiter ein Problem mit ihm in der Supervision ansprach, dann wies er es zurück. Das Thema wurde dann vom Supervisor im Gespräch gehalten und endete fast immer mit der Feststellung von zwei Sichtweisen. Es gab nur dann eine Einigung, wenn der Mitarbeiter nachgab, d.h. etwas übersehen oder einen Fehler gemacht hatte. Die zwei Sichtweisen blieben sonst stehen und bei der nächsten Sitzung war das Problem erledigt. Der Chefarzt hatte die Sache dann mit dem Mitarbeiter unter vier Augen geklärt, über den Inhalt wurde nicht mehr gesprochen. Wenn der Supervisor darauf beharrte, die inhaltliche Einigung erfahren zu wollen, damit er und die Gruppe sich auch von dem Thema verabschieden könnten, dann zeigte sich folgendes Muster: Der Mitarbeiter hatte mit „Interpretationshilfen" des Chefarztes etwas wichtiges über seine Abwehrmuster erfahren, die sich in Übertragungen auf den Chefarzt manifestiert hatten. Zum Schutze des Mitarbeiters waren somit Details nicht mehr zu veröffentlichen.
In einem langen Prozeß habe ich von Sitzung zu Sitzung beharrlich versucht, das Selbstwertgefühl der Mitarbeiter zu stärken und ihnen immer wieder modellhaft gezeigt, daß es in diesem Zusammenhang lohnend sei, standzuhalten und Sachkritik von Diffamierung unterscheiden zu lernen. Dies ging mit steten einfühlenden Konfrontationen an den Leiter einher. Ihm wurde vermittelt, daß man seine Enttäuschungen nachfühlen könne, wenn er sich durch Fehler oder Nachlässigkeiten von Mitarbeitern zurückgeworfen fühle, gewissermaßen undankbar attackiert, wo er doch durchweg mit hohem Engagement und Mitarbeiterförderung optimale Arbeit anstrebe. Und gleichzeitig wurde ihm gezeigt, wo und wie seine konkreten

Ironien oder Diffamierungen verletzend und schwächend wirkten. Seine Einsicht reichte so weit, daß er sich als „streng zu sich und anderen" bezeichnete. Das sei aber unveränderlich.

Eines Tages stand die fristlose Entlassung eines Mitarbeiters an. Der Mitarbeiter sollte auf Geheiß des Chefarztes an einem Wochenende von einem Familienfest geholt werden, weil wegen unerlaubten Alkoholgenusses sofort eine klärende Gegenüberstellung der Mitarbeiter einer Schicht mit den Patienten angeordnet war. Der Mitarbeiter kam nicht, was als Verweigerung einer Dienstanweisung im Notfall angesehen wurde. Die Stimmung war emotional geladen. Der Mitarbeiter sagte in Erregung in diesem Zusammenhang, er sei auch deshalb nicht gekommen, weil er wie so oft schon die Anordnung als sachlich überspitzt und eigentlich als Unterwerfungsschikane erlebt habe. Und er sei es leid, unwidersprochen immer den Wahrheitsgeboten des Chefs zu folgen. Dies brachte natürlich den Chef in Rage, und er verlangte voller Wut von allen Anwesenden eine Stellungnahme dazu: Wer in der Runde sehe das genauso wie der Mitarbeiter? – Es entstand ein gespanntes Schweigen. – Gerade als er dieses Schweigen zu seinen Gunsten deuten wollte, sagte ich ihm, daß m.E. viele in der Runde mit dem Mitarbeiter übereinstimmten im Gefühl, daß es aber niemand wage, dieses Thema zu besprechen. Als die Runde darauf weiter schwieg, habe ich Schritt für Schritt am Beispiel der Struktur zwischen einem Feudalherrn und den Leibeigenen den Ablauf der reziproken Rollenmuster und der entsprechenden Bewußtseinshaltung verdeutlicht. Wohl auch bemerkend, daß dieser Vergleich zur Verdeutlichung überzogen war, insbesondere was die Totalität der institutionellen Szene und Abhängigkeit anbelangte. Das Gespräch war angespannt, aber ruhig und auch nachdenklich. Die Mitarbeiter waren erleichtert und konnten überwiegend dem Chef auch ihre Zuneigung und Dankbarkeit bekunden, die es in dem Problem auch gab. Nur der Lieblingsmitarbeiter des Chefarztes, ein alter Pfleger, den alle als den Charismatiker im Team hoch schätzten, der war unversöhnlich. Er sagte verbissen und voller Haß, endlich habe ihm, dem Chef, das mal einer „gegeben". Meiner Deutung, daß sich hier vierzig Jahre zusammengebissener Zähne mit vielen Chefs zischend Luft machten, stimmte er zu. Der Chefarzt wirkte äußerlich ruhig und meinte, er könne nicht glauben, daß er ein solcher „Feudalherr" sei, denn dann müßte er seinen Beruf wechseln. Er kämpfe um eine neue Psychiatrie mit menschlichen Zügen. Man beschloß, an neuen Beispielen zu untersuchen, ob sich solche Abläufe wieder entwickeln. Und man könne am Beispiel jeweils untersuchen, analysieren, was welche Wirkung erziele und welche Hintergründe von Bedeutung seien.

Einige Tage später erhielt ich von einem Mitarbeiter die offizielle Mitteilung, der Chef habe nach einem weiteren Gespräch dem Mitarbeiter gekündigt; im Team habe man mit Mehrheit beschlossen, einen anderen Supervisor zu suchen, weil ich wegen meiner „offensichtlichen Parteilichkeit" für den Gekündigten nicht mehr unbefangen dort arbeiten könne. Meinem Wunsch, dieses Problem in einem weiteren Termin zu besprechen, wurde nicht entsprochen.

Drei Jahre später erscheint mit dienstlicher Genehmigung und aufgrund der Empfehlung der meisten Mitarbeiter eine zwischenzeitlich neu eingestellte Gruppentherapeutin bei mir als Teilnehmerin einer langfristigen Zusatzausbildung.

– Ist es erlaubt, dies als Hoffnungssymbol zu werten? Es bleibt der Phantasie überlassen, ob und wie das geschilderte Ereignis in der Erinnerung der beteiligten und betroffenen Klinikmitarbeiter weiterlebt. Ich habe lange an meiner Entmutigung getragen und an dem hilflosen Zorn, so wortlos und ohne Möglichkeit der Auseinandersetzung weggeschickt worden zu sein.

Inge Zimmer
Gerhard Wittenberger

Introspektion und Gegenübertragung als diagnostisches Mittel in der Supervision

Im Rahmen der Aachener Supervisionstage 1987 boten wir eine Gruppe zum Thema „Introspektion und Gegenübertragung als diagnostische Mittel in der Supervision" an.
An dieser Gruppe nahmen 15 Personen teil. Sie setzten sich aus langjährig erfahrenen, frischgebackenen und fast fertigen Supervisoren/innen zusammen, deren gemeinsames Interesse in der Reflektion der eigenen Supervisionspraxis unter dem Gesichtspunkt der Gegenübertragung bestand. Die Herkunft aus unterschiedlichen Berufen und institutionellen Bedingungen und eine breite Alters- und Erfahrungsstruktur wirkten anregend auf die gemeinsame Arbeit.
Neben der Beschäftigung mit konkreten Fallbeispielen bestimmten immer wieder Fragen der Abgrenzung von Therapie und Supervision und damit auch Fragen nach einem spezifisch „supervisorischen" Umgang mit dem Konzept von Übertragung-Gegenübertragung die Arbeit.

Entliehen ist dieses Konzept der psychoanalytischen Theorie, wobei dort der Begriff der Gegenübertragung unterschiedlich definiert wird. Während einige Autoren (Balint, u.a.[1]) alle Reaktionen des Analytikers (Gefühle, Affekte, Handlungstendenzen – neurotische und nichtneurotische) als Gegenübertragung bezeichnen und damit von den Reaktionen auf Patientenseite (Übertragungen genannt) unterscheiden, beschränkt sich Möller[2] mit dem Begriff der Gegenübertragung auf „spezifische, nicht-neurotische Reaktionen des Analytikers auf die Übertragung seines Patienten".
In der analytischen Therapie ist die Entwicklung einer Übertragungsneurose und eine damit einhergehende Regression des Patienten ein wesentlicher und angestrebter Bestandteil des therapeutischen Prozesses. Entsprechend werden Analytiker während ihrer Ausbildung durch Theorie, Lehranalyse und Kontrollanalyse systematisch auf den therapeutischen Umgang mit Übertragungsprozessen vorbereitet. Für das

therapeutische setting werden Bedingungen gewählt (Abstinenzregel des Analytikers, Liegen der Analysanden u.ä.), die eine solche Übertragungsbeziehung fördern.

Supervision dagegen vollzieht sich in einem Rahmen, der eher der Entwicklung einer realen Arbeitsbeziehung dient und Regression erschwert: Der Supervisand, die Supervisandin sitzen, sie können den Supervisor / die Supervisorin sehen und deren – oft spontane – Reaktionen erleben, sie erhalten im Verlauf des Supervisionsprozesses vielschichtige Informationen über Einstellungen und Reaktionen des Supervisors / der Supervisorin; Thema sind arbeitsbezogene Probleme der Supervisanden, die unter persönlichen, interaktionellen und institutionellen Gesichtspunkten reflektiert werden.

„Es werden keine gezielten Anstrengungen unternommen, genetisches und persönliches Material zu erfahren. Die Beziehung zwischen Supervisor und Supervisand, die Übertragungsbeziehung wird also nicht systematisch thematisiert"[3].

Da sich Übertragungen jedoch nicht nur in dem eigens für sie gerichteten Raum entfalten, werden Supervisoren/innen immer wieder – mehr oder minder überraschend – mit einer Entwicklung der Supervisionsbeziehung konfrontiert, die sich durch die ausschließliche Analyse bewußter Beziehungsdynamik nicht verstehen läßt. Hier kann das psychoanalytische Konzept der Übertragung-Gegenübertragung ein wichtiges diagnostisches Hilfsmittel sein.

Kutter[4] weist darauf hin, daß sich die Beziehungsdynamik des Supervisanden und seiner Klienten häufig in der Beziehung Supervisor-Supervisand widerspiegelt.

Zusätzlich beschreibt er die Möglichkeit, daß Supervisanden bestimmte fallunabhängige Übertragungen auf den Supervisor entwickeln, die Prozesse zwischen Supervisor und Supervisand maßgeblich beeinflussen können.

Als erster Indikator für die Wirksamkeit von Übertragungsprozessen erweisen sich für den Supervisor/in oft eigene, aus dem realen, bewußten Geschehen heraus nicht erklärbare Gefühle und Handlungsimpulse. Aufmerksam geworden durch diese eigenen, oft heftigen Reaktionen, beginnt nun für den Supervisor ein diagnostischer Prozeß. Dabei gilt es auch wachsam zu sein gegenüber den Gegenübertragungsanteilen, die eigene Übertragungen des Supervisors/in darstellen. (In unserer Gruppe wurde an zwei Beispielen, die wir in diesem Aufsatz etwas genauer darstellen wollen, deutlich, daß es sich hier keineswegs nur um neurotisch verarbeitete Kindheitskonflikte handeln muß. Es zeigte sich vielmehr,

daß sich auch aktuelle Konflikte von Supervisoren/innen mit realen Institutionen in die Gegenübertragung mit einschleichen können.)
Als Instrumente für diese diagnostischen Prozesse versagen unsere Sinnesorgane, da Gefühle, Gedanken und Phantasien nicht gerochen, gesehen, gehört oder ertastet werden können.
Die Wahrnehmung psychischer Prozesse erfolgt durch Introspektion in uns selbst und Sich-Einfühlen in andere[5].
Dieses introspektive Beobachten eigener Gedanken und Gefühle und das empathische Sich-Einfühlen in andere wollten wir während dieser Tage des Supervisionsworkshops üben und mit Hilfe des so ermittelten Materials die Bedeutung von Gegenübertragungen für Diagnose und Gestaltung der Supervisionsbeziehung untersuchen. Dabei legten wir das breitere Gegenübertragungskonzept von Balint zugrunde. Das heißt, wir wollten an konkreten Beispielen aus der Supervisionspraxis der Teilnehmer/innen arbeiten, in denen diese mit Gefühlen, Handlungsimpulsen oder auch Handlungen reagiert hatten, die ihnen selbst nicht verständlich oder problematisch waren. Diese Gegenübertragungen sollten diagnostisch genutzt werden, um mehr über die unbewußten Angebote von Supervisanden/innen, über die spezielle Beziehungsproblematik in der jeweiligen Supervision und/oder über wirksame Übertragungsanteile der Supervisoren/innen zu lernen.
Dabei wollten wir noch einen anderen Aspekt von Supervisorenreaktionen in den Blickpunkt rücken, den Balint auch als eine Form von Gegenübertragung diskutiert. Er weist darauf hin, daß es selbst im strengen Analyse-setting „Unterschiede in der analytischen Atmosphäre gibt, die durch den Analytiker selbst beigebracht werden"[6]. So beschreibt er, wie bereits der unterschiedliche Umgang mit dem Kissen auf der Analyse-Couch (jeder Patient erhält ein eigenes Kissen, jeder bekommt ein Tuch aufs Kissen, alle liegen auf demselben Kissen) oder die Art, in der ein Analytiker die Stunde beendet, für die Bildung von Übertragungen große Bedeutung haben können. Im bei weitem nicht so abstinenten Supervisionsprozeß stellt diese spezielle „supervisorische Atmosphäre" sicher eine ganz wesentliche, die Übertragungsbeziehung mitbestimmende Variable dar. Es schien uns daher sinnvoll, diesen persönlichen Beitrag des Supervisors/in in das Bewußtsein zu heben, und auf mögliche Auswirkungen in der Beziehung zu unterschiedlichen Supervisanden/innen zu betrachten.
Es geschieht oft ganz selbstverständlich und unreflektiert, daß wir Supervisanden/innen in einer bestimmten Weise begrüßen, ein spezielles Raum- und Sitzarrangement anbieten, uns in der uns angemessenen

Weise kleiden und überhaupt auf vielfältige Weise mit scheinbar unwichtigen Nuancen der Situationsgestaltung Einfluß nehmen auf Eindrücke, Phantasien, Ängste und Wünsche von Supervisanden/innen. Bei der Betrachtung solcher persönlicher Eigenarten der Gruppenteilnehmer/innen ging es uns nicht um eine normative Bewertung (so tauchte immer wieder die Angst auf, „ob man das darf als Supervisor/in."), sondern um eine Wahrnehmungserweiterung im Hinblick auf persönliche Eigenheiten und mögliche unterschiedliche Reaktionen von Supervisanden/innen. Letztere können oft erschrecken, verunsichern oder tabuisiert bleiben, wenn die eigenen Besonderheiten nicht bewußt sind.

Die Gruppenteilnehmer/innen erzählten sehr anschaulich und lebendig von ihrer persönlichen Gestaltung der Supervisionssitzungen. Als besonders bedeutsam tauchten in diesen Berichten die Raumwahl und -gestaltung (besonders bei Einzelsupervisionen in den Räumen der Supervisoren/innen), die Sitzplatzverteilung und immer wieder das Angebot von Kaffee, Tee, Plätzchen oder anderen oralen Genüssen auf.

So beschäftigte einen Supervisor die Frage, was wohl bei seinen Supervisandinnen der Umstand auslöse, daß seine Supervisionen im eigenen Wohnraum, in dem auch eine Couch steht, stattfinden. Im Gruppenprozeß identifizierten sich die übrigen Teilnehmer/innen mit möglichen Supervisanden/innen, und es zeigte sich ein breites Spektrum möglicher Auswirkungen dieses Raumarrangements auf Supervisandenphantasien: es gab Regressionswünsche und -ängste, Phantasien über den Lebensstil des Supervisors, Näheängste und -wünsche, erotische Phantasien u.ä.m. Der Supervisor zeigte sich überrascht von diesem Spektrum, da seine Wahrnehmung bisher aufgrund eigener Ängste sehr viel eingeschränkter und die Supervisionsbeziehung daher eher tabuisiert geblieben war.

Bei der Frage des Sitzplatzes interessierten besonders Situationen, in denen Supervisanden/innen die vom Supervisor/in gesetzten Bedingungen mißachteten oder verändern wollten. So berichtete eine Supervisorin, daß sie während eines Supervisionsprozesses zwei Jahre mit zusammengebissenen Zähnen auf dem „falschen Platz" zugebracht hatte, da der Supervisand mit konsequenter Regelmäßigkeit „ihren Stuhl" in Beschlag genommen hatte. Auch hier waren die Gegenübertragungsgefühle der Supervisorin bisher weder diagnostisch genutzt worden („Was löst dieses Verhalten bei mir aus und welche unbewußten Motive veranlassen den Supervisanden, mir den Platz wegzunehmen?"), noch hatte die Supervisorin gewagt, die von ihr gesetzten Bedingungen anzusprechen („das ist mein Platz") und/oder wiederherzustellen.

Ein wichtiges Thema war auch die Funktion von Getränken und Speisen in der Supervision. Eine Supervisorin entdeckte z.B. in diesem Zusammenhang, daß sie mit ihrem Angebot von Plätzchen den geheimen Wunsch verbinde, es möge neben ihr auch „etwas Süßes" geben. Besonders intensiv beschäftigten wir uns mit der Situation einer Gruppenteilnehmerin, in der die Supervisanden die Struktur der Supervision durch ein gemeinsames Frühstück ändern wollten. Dieses Beispiel werden wir hier etwas ausführlicher darstellen, da es uns durch die Bedeutung der institutionellen Komponente, die im Verlauf der Analyse sichtbar wurde, erscheint.
Angeboten wurde dieses Beispiel als eine Supervisionssituation, in der ausschließlich die Beziehungsdynamik zwischen Supervisorin und Supervisanden eine Rolle spielte. Es schien daher naheliegend, zu versuchen, mit Hilfe der Gegenübertragung die unbewußten Motive der Supervisanden zu diagnostizieren. Doch dann nahm die gemeinsame Analyse eine überraschende Wendung.

Die Supervision, um die es sich hier handelt, spielte sich in einer Fachhochschule in kirchlicher Trägerschaft ab. Die Supervisorin arbeitet als Dozentin an dieser Fachhochschule, und zu ihrem Aufgabengebiet gehört auch die Supervision von einigen Studentengruppen in den Räumen der Hochschule. Eine dieser Gruppen hatte nun vor Beginn der vierten Sitzung an die Supervisorin den Wunsch herangetragen, die Supervision mit einem gemeinsamen Frühstück zu beginnen. Die Supervisorin reagierte mit gemischten Gefühlen: Es gab einen liebevollen Impuls, diesem Wunsch nachgeben zu wollen und gleichzeitig Unbehagen und Ärger über diese strukturverändernde Anfrage. Sie fühlte sich genötigt, auf der Strukturebene eine Entscheidung zu treffen. Ihre Ambivalenz wurde dann in ein Kompromißangebot umgesetzt, das ein gemeinsames Frühstück erlaubte, den Zeitpunkt aber eine halbe Stunde vorverlegte, so daß zur festgesetzten Zeit mit der Arbeit begonnen werden konnte. Die Supervisorin selbst nahm an dem Frühstück nur unregelmäßig teil.
Diese Lösung wurde schon seit einiger Zeit praktiziert. Das Unbehagen der Supervisorin war jedoch geblieben.

Mit Hilfe von Identifikationen und Phantasien der übrigen Gruppenmitglieder wurde das Problem als eine Schwierigkeit diagnostiziert, solche Supervisandenwünsche strukturell abzulehnen und sie gleichzeitig emotional wohlwollend als Botschaft an die Supervisorin zu thematisieren. Es wurde gemeinsam überlegt, wie man als Supervisor/in in solchen Situationen mit eigenen widersprüchlichen Gefühlen und Handlungsimpulsen – der Gegenübertragung also – umgehen und die eigene gesetz-

te Struktur dabei erhalten könne.
Im Verlauf des Gruppengesprächs fiel der betroffenen Supervisorin plötzlich eine Situation ein, die ihr – sicher nicht zufällig – ganz entfallen war, und die sie jetzt erzählte:

In einer Sitzung mit der besagten Studentengruppe – an der Tür hatte sie ein Schild angebracht „bitte nicht stören, Supervision" – klopfte es. Die Supervisorin ignorierte das Klopfen und arbeitete weiter. Nach einer Weile ging die Tür auf und ein Hochschulkollege betrat den Raum. Die Supervisorin tat so, als nähme sie ihn und die Irritation der Gruppe nicht wahr und arbeitete scheinbar ungerührt weiter, bis der Kollege wortlos den Raum wieder verließ. Dann fragte sie die Gruppe „war was?". Die Erzählung dieser Situation löste viel Heiterkeit in unserer Gruppe aus, da der Versuch der Ignoranz von Klopfen und Eintreten des Kollegen bis hin zu der erstaunten Frage „war was?" äußerst anschaulich erzählt wurde.
Die Schilderung wurde noch ergänzt durch den Bericht von einem späteren Gespräch mit dem klopfenden Kollegen, in dem dieser gesagt hatte, „ich dachte, da Sie nur Supervision hatten und Kaffee tranken, könne ich ruhig stören."

Die Supervisorin begann nun mit Hilfe der Gruppe, ihre berufliche Situation in der Hochschule zu reflektieren. Es stellte sich heraus, daß die Vertreter dieser von Leistungsnormen geprägten Institution der Durchführung von Supervision wenig Achtung entgegenbrachten. Die Supervisorin fühlte sich von ihren männlichen Kollegen in ihrer Rolle nicht ernst genommen und hatte auch die Störung während der Gruppensitzung als eine solche Mißachtung von Supervision erlebt.
Der klopfende Kollege – der zu einem früheren Zeitpunkt schon einmal gestört hatte – war als einziger Theologe der Abteilung in doppelter Hinsicht Institutionsvertreter: Er repräsentierte für die Supervisorin sowohl Kirche mit entsprechenden normativen Setzungen, als auch Hochschule mit ihrem Wissenschaftsanspruch.

Die Ambivalenz der Supervisorin gegenüber dem Frühstückswunsch der Studenten erwies sich als Folge der Konfliktsituation mit den Kollegen, die ihre Gefühle gegenüber den Supervisanden prägte. Dem Impuls, dem Wunsch nachzukommen, entsprach ihr bis dahin nicht bewußter Impuls, gemeinsam mit den Studenten gegen den „verkopften und beziehungsfeindlichen Hochschulstil" zu rebellieren. Zugleich gab es den Wunsch, mit ihrem Fach institutionell anerkannt zu sein und Schuldgefühle wegen der eigenen aggressiven Impulse.
Interessant war, daß die Supervisorin diesen für sie unangenehmen Problembereich ganz aus ihrem Bewußtsein verdrängt hatte. Sie hatte die-

sen Konflikt mehrfach in seiner Bedeutung bei der Supervision nicht wahrgenommen. Bei der Anfrage der Studierenden interpretierte sie ihre Gefühle ausschließlich als Reaktion auf die Gruppe. Selbst als „die Institution" im wahrsten Sinne des Wortes anklopfte und eintrat, versuchte sie, deren Einfluß zu verleugnen, indem sie weiterarbeitete, als sei nichts geschehen. Und beim Einbringen dieses Falles in unserer Gruppe stellte sie die Situation auch als ausschließlichen Beziehungskonflikt zwischen den Supervisanden und ihr dar.

Während des Analyseprozesses in unserer Gruppe veränderten sich auch ihre Gefühle gegenüber den Supervisanden. Sie merkte, daß ihr Ärger viel mehr den Kollegen als den Studierenden galt, und der Wunsch der Supervisanden nach einem gemeinsamen Frühstück bekam für sie auf diesem Hintergrund eine ganz neue Bedeutung.

Während der folgenden Tage arbeiteten wir an Praxissituationen, in denen Supervisoren/innen im Verlauf eines Supervisionsprozesses von eigenen, ihnen selbst nicht verständlichen Gefühlen und Reaktionen überrascht worden waren.

In Untergruppen wurden solche Beispiele im Rollenspiel vorbereitet und dann der Gesamtgruppe vorgestellt. Mit Hilfe von Introspektion der Protagonistin und Identifikation der Gruppenmitglieder wurde dann gemeinsam versucht, die unbewußte Beziehungsdynamik zu erspüren.

Wir wollen uns hier auf die Darstellung einer Situation beschränken, in der sich ein unverarbeiteter Konflikt der Supervisorin mit ihrer Institution als prägend für die Supervisionsbeziehung erwies. Wie im zuvor berichteten Beispiel schien auch hier in der Darstellung der Supervisorin die Institution zunächst keine Rolle zu spielen.

Bei der gespielten Szene handelte es sich um eine Sitzung im Verlauf einer Einzelsupervision. Die Supervisorin – als Theologin im Krankenhaus tätig – begleitete in dieser Supervision eine angehende Krankenhausseelsorgerin. In der vorgestellten Sitzung kam die Supervisandin enttäuscht und wütend von einem Vorstellungsgespräche im Krankenhaus zurück und erzählte im Affekt von den entwürdigenden Umständen dieser Vorstellung. Die Supervisorin reagierte mit Ärger auf ihre Supervisandin und fragte streng, ob diese denn auch die in der Supervision vorbesprochenen Aspekte berücksichtigt hatte. Die Supervisandin sah keine Möglichkeit, ihre hinter dem Ärger verborgene Trauer sichtbar werden zu lassen und fühlte sich nicht verstanden. Während es inhaltlich um Gesprächsstrukturen von Vorstellungsgesprächen ging, fühlten sich beide unwohl und distanzierten sich innerlich immer mehr voneinander.

In unserem Gruppengespräch ging es eine ganze Weile um die Frage, was die Supervisandin mit der Supervisorin mache, daß diese so streng und ärgerlich reagieren müsse. Bei den Gruppenmitgliedern gab es viel Einfühlung in die Verzweiflung der Supervisandin bei einer solchen Behandlung in der Klinik und in den enttäuschten Wunsch, bei der Supervisorin Verständnis zu finden. Über diesen Weg wurde es der Supervisorin möglich, sich an ihre eigenen Erfahrungen im Krankenhaus zu erinnern. Sie erzählte, unter wieviel Mißachtung und Abwertung ihrer Rolle sie selbst litt. Dabei entdeckte sie, daß ihre Identifikation mit der Verzweiflung und Ohnmacht der Supervisandin so stark war, daß sie – ohne sich dessen bewußt zu sein – mit ihren Interventionen versucht hätte, mit diesen Gefühlen nicht konfrontiert zu werden. Der Ärger mit der Supervisandin – der in dieser Situation der Abwehr anderer Gefühle gedient hatte – kristallisierte sich immer mehr als der verschobene Ärger auf die Institutionsvertreter heraus.

In der Auswertungsphase der Gruppenarbeit waren wir erneut überrascht, wie sehr sich die zwei beschriebenen Supervisorinnenbeispiele ähnelten. Beide Situationen waren von den Supervisorinnen als Beziehungskonflikt dargestellt worden. Beide Supervisorinnen hatten mit heftigen Gefühlen auf ihre Supervisanden reagiert, und erst im Verlauf der gemeinsamen Analyse in der Gruppe zeigte sich, wie stark diese Gefühle und damit auch die Supervisionsbeziehung von den Affekten der Supervisorinnen, die diese gegenüber der jeweiligen Institution hegten, beeinflußt waren. Und beide waren sich dieses Einflusses vor der Fallbesprechung nicht bewußt.

Die Beispiele illustrierten für die Supervisoren und Supervisorinnen die dringende Notwendigkeit, die eigene Beziehung zu den Institutionen, in denen Supervision stattfindet und/oder in denen Supervisanden arbeiten, systematisch in die eigenen Reflektionen einzubeziehen.

Literatur

1. Balint, M. und A. Balint: Übertragung und Gegenübertragung, **in:** Die Urform der Liebe und die Technik der Psychoanalyse, S. 246-254, Bern-Stuttgart, 1966
2. Möller, M.L.: Zur Theorie der Gegenübertragung, **in:** Psyche Jg. 31., H.2, S. 142-166
3. Wittenberger, G.: Supervision zwischen Psychoanalyse und Sozialarbeit, **in:** Supervision. Materialien. H. 6, S. 3-36
4. Kutter, P.: Psychoanalytische, methodische und systemtheoretische Anmerkungen zur Supervision, **in:** Supervision. Materialien, H. 6, S. 37-46
5. Kohut, H.: Introspektion, Empathie und Psychoanalyse, Bern 1977
6. Balint a.a.O, S. 248

Wolfgang Boettcher
Albert Bremerich-Vos

Vorbemerkung zu unseren Beiträgen

Fragte man uns, ob den folgenden Texten Referate während der Aachener Supervisionstage zugrunde liegen, so müßten wir mit Nein antworten. Zwar war das eine oder andere sogenannte Statement im Sinne des hier schriftlich Vorliegenden geplant. Die Dynamik der Arbeitsgruppe „Verstehen und Verständigung" trug aber entscheidend dazu bei, daß viel Geplantes ungesagt und viel nicht Geplantes Wirklichkeit wurde. Motivierender Reden bedurfte es nicht; die kollektive Analyse von verschrifteten Supervisionen bzw. Supervisionsausschnitten wurde von Anfang an mit Eifer und Kompetenz betrieben.
Die Vielfalt der Phantasien, die Vielfalt der Verständnisse, das beharrliche Bemühen um Stützung und Vergleich der Deutungshypothesen: Das alles und weiteres, was den Gruppenprozeß bedeutsam machte, kommt in den beiden folgenden Beiträgen nicht vor. Das hat einen einfachen Grund. Wir haben diesen Prozeß nicht dokumentiert, etwa in Form einer Bandaufnahme, und wir waren selbst nicht wenig beteiligt, begriffen uns nicht als distanzierte Beobachter, denen der Gestus des Protokollanten gut zu Gesicht steht. Vor die Wahl gestellt, einzelne, uns als besonders markant in Erinnerung gebliebene Beiträge von Gruppenmitgliedern zur Deutung des im folgenden abgedruckten Transkripts wiederzugeben, oder generell auf solche selektive Gedächtnisarbeit zu verzichten, haben wir uns für den zweiten Weg entschieden.

Auszug aus einer Lehrsupervision.

Transkription eines Tonbandmitschnitts einer Lehrsupervisionssitzung. Es handelt sich um den ersten von zwei in dieser Sitzung bearbeiteten Supervisionsfällen des Lehrsupervisanden. Dem ersten Fall gehen ca. 10 Minuten Terminabsprachen voraus.

Einige Hinweise dazu, wie das folgende Transkript zu lesen ist:
1. Sprecherwechsel führt zum Zeilensprung.
2. Hörerrückmeldungen und gleichzeitiges Reden erscheinen auf derselben Zeile. Zeitgleiches wird dabei durch Unterstreichung markiert.
3. Auffällige Pausen werden ab einer Länge von ca. 2 Sekunden durch Sekundenzahlen in runden Klammern angegeben.
4. Unverständliche Äußerungsteile erscheinen als 3 Punkte in runden Klammern.
5. Gelegentlich werden nonverbale Hinweise in runden Klammern gegeben.
6. Wortabbrüche sind durch "/" markiert, Satzabbrüche durch "--".

(LEHRSUPERVISAND)   (LEHRSUPERVISOR)

S.3 33 (Terminabsprachen)
    34 Hm. (3) (Räuspern) (5) Ja, ich hab, zum   Alles klar.
    35 einen möchte ich gern rund um F. (2) zwei
    36 Sachen ansprechen und nachher noch n
    37 bißchen zu der Vorbesprechung, zu der Art
    38 der Vorbesprechung von der Supervisions-
    39 gruppe. (2) Hm, beim F. hängen mir also
    40 zwei Sachen vor dem Kopf rum. Das eine
    41 ist jetzt in der letzten Sitzung, das war
    42 vorgestern, ehm kam er ganz - also strah-
    43 len tut er immer, wenn er kommt, lächeln
    44 - eh, kam er ganz vergnügt und sagte, er
    45 hätte das Gefühl, es ginge ihm ausgespro-
    46 chen, also spürbar leichter, besser; (3) er
    47 würde merken, wie er anders auf seine
    48 Kollegen zugeht, selbst der Schulleiter
    49 könne richtig freundlich sein, würde ihn
    50 anlächeln, würde auch auf ihn zugehen
    51 mal. Ja, und erzählte dann auch noch, er
    52 hätte auch in seinem freiberuflichen En-
    53 gagement, in seinem außerschulischen - er
    54 macht ja sehr viele eh also sinnvolle, aber
    55 gleichzeitig edelste, kostenlose Arbeit im
    56 Bereich der Ausländerarbeit in Mön-
    57 chengladbach - hätte er auch so zwei drei
    58 organisatorische Sachen, die ihn
    59 überfordert hätten, abgegeben.
    60 Ja, er strahlte mich an, und ich dachte
    61 halt so zugleich, ehm 'och schön, gönn ich
    62 ihm' und zugleich so ein Stuck so 'was
    63 bedeutet das jetzt, also was soll das
    64 jetzt bedeuten'. Geht mir ein bißchen
    65 schnell. Also das Tempo, mit dem es ihm
    66 besser geht, eh, find ich, (3) ja, (2) arg
    67 schnell, ehm. (3) Und so gleichzeitig auch
    68 so die die Vorstellung: 'Meint er, er müsse
    69 Ergebnisse abliefern bei mir? Was, eh, wie
    70 wie gestaltet er damit die Beziehung zu
    71 mir?' (3) Und auch so n, eh, ja (3) so die
    72 Überlegung bei mir, verunsichernde
    73 Überlegung: 'Hm, wie geht das jetzt
    74 weiter?' Das hab ich ihn nachher dann
    75 auch gebeten, er solle jetzt überlegen --;
    76 also für ihn ist offensichtlich klar, er
    77 will weiterarbeiten, solange sein Geld
    78 reicht oder ich mitmache oder wie auch
    79 immer. Ehm, ich hab ihn gebeten,
    80 auch zu überlegen, wo will er jetzt dann
S.4 1 jetzt ansetzen. (4) Ich hatte nicht das
     2 Gefühl, daß er das so als Vorbereitung
     3 eines Ausstiegs macht, nach dem Motto,
     4 ich brauch jetzt eigentlich nicht <u>mehr</u>   Hm.
     5 recht was. Ich hatte eher den das Gefühl,
     6 auch wie er später so sagte, ihn hätte das
     7 noch sehr beschäftigt mit dieser
     8 Männerlinie, also der Linie der stark/ der
     9 mächtigen Männer in seinem Leben, hätte
    10 er da noch viel nachgedacht, und er würd
    11 schon auch gern mal ähnlich ja bei sich
    12 mitkriegen, was für ne Frauenlinie hat
    13 er. Ehm, also ich hatte eher das Gefühl,
    14 er würde ganz gerne so quer durch den Gar-

15 ten, quasi auch therapeutisch mal dazu Fa-
16 milienerfahrungen durcharbeiten, also als
17 würde er es nicht mehr (4) an, als als hät-
18 te er keine dringenden beruflichen Punkte
19 mehr. Also das, ja. (4) Die Sitzung selber
20 verlief am Anfang eh so, daß er so ja
21 berichtete noch ein paar Szenen, die ihm
22 noch einfielen eh, (3) daß er früher auch
23 eigentlich seine Kollegen und vor allem
24 auch den den Schulleiter, den er ja als
25 sehr mächtig anfangs präsentiert hat, daß er
26 den wirklich in ner Vielzahl von Situatio-
27 nen eigentlich in einer Weise provoziert hat,
28 die er gar nicht mitkriegte, nur den Ef-
29 fekt, daß die also ihn schnitten, mitkrieg-
30 te. (4) Und dann kamen ihm noch ne ganze
31 Reihe von Situationen von früher, also aus
32 aus der schulischen Arbeit. (6) Ja, was
33 was ich noch nicht ganz einschätzen
34 kann, ehm, meine ambivalente Reaktion
35 zwischen 'ich würde es gern so ein-
36 schätzen können: Och brauchen wir of-
37 fensichtlich nicht dreihundert Stunden,
38 eh, um auch das Gefühl zu haben, eh hat
39 sich schon gelohnt'. Also ich würde mir
40 ganz gerne auch das Gefühl gestatten, zu
41 sagen, och ja, vielleicht hat's ihm wirklich
42 schon geholfen, so, prima! Und gleichzeitig
43 so das Mißtrauen: Wenn ich mich anguk-
44 ken würde, bei mir würde so was eh zwar
45 im Koppe schnell gehen können, aber viel
46 langsamer, bis ich das wirklich so ka-
47 piere, daß ich auch allmählich ganz be-
48 hutsam anfangen kann, anders zu han-   Hm.
49 deln. Das ist ein Thema, was er auch
50 ansprach, er wisse noch nicht, wieweit
51 er handlungssicher sei, aber er hat's
52 Gefühl, er er wisse ein bißchen
53 mehr von seinen Haken und Ösen und
54 würd sich's vielleicht auch nicht mehr
55 so übel nehmen, wenn er selber noch
56 mal in solche eigenen Fallen tappte. (10)
57 Ich hatte so so ne Hab-acht-Stellung im
58 ersten Teil der Sitzung, nachher wurde
59 es noch sehr saftig, so auf der Suche
60 nach einem wirklichen weiteren Ansatz-
61 punkt. (8) Er sprach eine Situation an,
62 wo dann sich ein mögliches weiteres
63 Thema ankündigte, ehm nämlich am Tag
64 drauf stand die eh Wahl des Vertrauensleh-
65 rers der Schüler an, er ist jahrelang immer
66 der Vertrauenslehrer gewesen, hat diesmal   Hm.
67 zum erstenmal auch den Schülern ge-
68 genüber gesagt, sie es stünden alle Lehrer
69 zur Wahl, sie müßten sich überlegen,
70 wen sie wählen wollen, während er fru-
71 her immer mit den Kollegen vorab geklärt
72 hat, wer denn außer ihm überhaupt sich
73 zur Verfügung stellt und es war nie je-
74 mand,   War niemand?
75 so daß er immer konkurrenzlos nur
76 überhaupt zur Wahl stand und auch
77 völlig klar war, auch für die Kollegen,
78 'ja, du machst das!' Und ich sagte dann
79 auch, eh, (3) wie das wäre, wenn er mor-
80 gen nicht gewählt würde, da sagt
S.5 1 er, so wie er oft dann reagiert: 'Och, ja,
2 entlastet mich, hab ich's auch mal los'.
3 Und wenn ich dann auch noch mal nachhak-
4 te und sagte: 'So, es ist jetzt so, sie sind
5 jetzt nicht gewählt worden, Herr Kollege D!
6 P. beispielsweise, so'n befreundeter (...),
7 ist gewählt worden. Wie ist das?' Und dann
8 kam so: 'Ich fühl mich sehr gekränkt;
9 dann würde ich nachdenken, habe ich
10 Mist gebaut gegenüber den Schülern,
11 habe ich da was falsch gemacht, wieso
12 gewissermaßen fallen die von mir ab?' Und
13 dann kam ihm eine Szene vor zwei Wochen,
14 wo er Schülern gegenüber abgewehrt
15 hatte, daß sie so Video-Filme gucken

33

könnten. Ich fragte, ob das das erste Mal wäre, daß er sie konfrontierte; sagte er: Ja. Und dann kam er selber und sagt, das verschiebt sich ein bißchen in der Beziehung mit den Schülern, ehm, dies, ja, der Freund, der bedingungslose Freund der Schüler sein. Und dann sprachen wir darüber ne ganze Zeit lang noch eh, daß das sicher Folgen hat, also wenn er nicht mehr die Reserveheimat der Schüler auf Teufel komm raus braucht, kann er sich auch ein bißchen mehr Abstand leisten, da wo es sinnvoll ist. Also, da kam dann ne zeitlang wieder eh ne sehr, sehr, ja dichte Phase. (6) Aber ich ratschte so ein bißchen in der Gegend rum und dachte: 'Hm, (4) sprech ich das mit den Schülern an?' Weil das ein Thema ist, was mir lange auch immer im Kopf hing. Ich glaub schon, daß da viel gearbeitet werden könnte, aber er hat es nie als Problem angeboten; merkt, daß es sich jetzt indirekt verändert; das finde ich auch besser, also erst mal soll er ne Heimat, finde ich, bei den Kollegen kriegen, eh, oder bei sich selber, eh, und dann wird sich von selber einiges tun, denke ich, was er vielleicht dann auch ansprechen wird mal. Aber ihm die Schüler wegzunehmen gewissermaßen eh, fand ich eigentlich, ja das ist nicht mein Geschäft. (18)

Hm.

hm
Hm

Hm

Hm.

Also Ihre Phantasie, die kann ich schon teilen, (4) mit seiner Fröhlichkeit. Frage is jetzt, was wir daran oder was Sie gerne mit mir daran besprechen wollen, wie man damit in der Beziehung umgehen kann?

Das eine ist ehm, also wo hab ich damit Schwierigkeiten, weil ich entweder ne Vorstellung habe, ne ordentlich, saftige Supervision eh bei mir, das muß mit Heulen und Zähneklappern und mindestens zwanzig Sitzungen, und vorher kann sich da eigentlich nichts bewegen. Und wenn sich da scheinb/ was bewegt, dann ist es eine scheinbare Bewegung. Eh, also wieweit ich da einfach ehm eh mir ne Super-Supervision machen will und nichts an anderen Gangarten von ihm, an behutsameren, zulasse oder das irgendwo entwerte. Oder ob ich recht hab mit diesem auch so was verdächtigenden Gefühl, ehm, 'will er sich mir vorführen als vollkommener Lerner, will er mich bestechen, wovon soll ich die Pfoten lassen?'

Hm.
Hm.
Hm.
Hm
Hm

Hm.

Hm.

Hm.
Hm. Hm.
Hm.

Ja.

Hm.

Na, ich hab so verstanden, daß er einerseits schon sagen will, guck mal, was ich für ein tüchtiger Schüler bin und damit auch seinen Dank abstattet. Das, finde ich, ist eine Geste, die ihm möglich ist und die ich eigentlich ehm, na, na, wie soll ich sagen, die ist was besonderes, denn sowas kann er in Bezug auf Autoritäten in der Regel nicht. Insofern ist das ne schöne Geste und ne Art, wo er es eben nicht direkter kann. Nich, also so, meine kleine Tochter legt mir manchmal ein Gänseblümchen hin, ne, (Lachen) die kann aber nicht sagen, 'du, das fand ich toll!' oder sowas, sondern da liegt dann n Gänseblümchen, fertig, dann wissen wir beide Bescheid. Ja, und der

Hm.

Hm.

andere Teil, denke ich, da bin ich auch ehm vorsichtig, ehm, ich glaube, es zeigt sich an der Stelle auch, daß er Schwierigkeiten hat, die Brücke vom kognitiven zum emotionalen Verstehen zu schlagen. Und daß er sicher manches kognitiv verstanden hat, aber daß er es emotional noch nicht verarbeitet haben

Hm.
Hm.
Hm.
Hm.
Hm.
Er hat das mit diesem - also er hat das
selber angesprochen zweimal, letzte Sitzung und also die vorletzte und jetzt
die letzte Sitzung, ehm (6) so als, ja (6) --.
Mir fällt im Augenblick nicht ein, in
welchem Zusammenhang das entstand.
Also, er hat's, in der letzten hat er's
<u>angesprochen</u> ehm so als Wunsch, das
dann auch zu können, eh. Und ich bin
also mehr so drauf eingegangen, daß ich
das also als so nen Wunsch akzeptiere,
das das ist auch ein wichtiger Wunsch, aber
ihn also gewissermaßen auf/ ja aufmerksam machte, ehm, (3) also daß er damit
rechnet, daß daß also daß Veränderung schon
sehr viel weniger auch heißt, also überhaupt mal <u>dieses</u> 'ich rechne mit Stellen,
wo ich nach wie vor und vielleicht sehr
lange noch Mühe habe'. Da kam er auch
rein und sagte, ich hätte doch in der Sitzung davor auch ihn mal gefragt, wieviel Jahre er er gebraucht hätte, um diese
ganzen schwierigen Muster auch aufzubauen und er hätte lacheind gesagt: '33
Jahre', is er nämlich geworden, und ich hätte
ihn dann ja gefragt eh 'und wieviel Zeit er
sich denn gibt, um die 33 Jahre wieder
so, wie er es jetzt will, umzu/ rumzusteu-
ern', und dann hätte er gelacht und
dann hätte er gesagt, 'naja fünf Sitzungen'. (3) Also für ihn ist das, glaube
ich, auch ein Thema, für mich im übrigen ja
auch, also 'wieviel Geduld hab ich mit
mir?' (2) Ehm auch auch 'wie fair gehe ich
mit mir um als jemand, der halt ja ne ganze
Reihe von Problemen nicht einfach wegmachen kann? Und halte ich trotzdem zu
mir schon unterwegs oder erst, wenn
ich angekommen bin?'

Also eher ne Mutter - als/ also ich weiß
relativ wenig bisher von seiner Mutter,
mehr von dem Vater, also die Mutter
spielte bei ihm überhaupt nur ne Rolle
in einer Kindererzählung, die er mal
hatte, wo sein Vater, weil er irgendet-
was Schlechtes gemacht hatte, hinter
ihm herwetzte, um ihn zu prügeln, und
er dann unter dem Tisch sich verkroch
in der Küche, aber in aussichtsloser
Situation, und da ist dann die Mutter
eingeschritten. Also als <u>als</u>--

Ja, hat ihn mal gerettet. Aber ansonsten
spielt sein Vater, also auch in seinen,
wenn er jetzt berichtet von seinem
Kontakt zu den Eltern, ist es der Vater,
dem er versucht, Niederlagen beizubrin-
<u>gen</u>, indem indem er die Waffen wählt, näm-
lich reden eh, und zwar seine Themen, wo
er Profi ist, also politische Themen -

Hm.

Hm.

Kann sich auch, was den Vater angeht,
nur an ne relativ späte Erinnerung, <u>wo</u> --
also das ist die einzige, die ihn noch
zeigt als hilfloses Wesen, und danach
sind Erinnerungen, wo er bereits zumindest
subversive Verfahren gegen den Vater
entwickelt hat. Also beispielsweise hat er
ihm mal als Kind, also mit acht Jahren oder

---

kann. Und daß diese Schwierigkeit, also
daß er das nicht kann und daß es daß
es das eigentlich zu lernen <u>gilt</u>, daß er
diese Schwierigkeiten mit 'ach, es ist
alles gut' <u>abwehrt</u>, das glaube ich,
<u>stimmt</u> auch.

Hm.

Hm.

Hm.
Hm. (2) Ehm, wissen Sie, was der für ne
Mutter hatte, ob der ne strenge
Mutter hatte?

<u>Die</u> hat ihn den mal gerettet?

Hm.

Das heißt also, die Autoritätsproblematik
hindert an der Erinnerung, er kann
sich nicht an die <u>frühe</u> Mutterbe-
ziehung erinnern, weil die Autoritäts-
frage <u>davor</u> steht.

Hm.

35

was, ihm das Auto mit nem Freund zusammen weggefahren, und er hat mit einem richtig strahlenden Gesicht erzählt, wie er nen riesen Detsch dem Vater reinmachte, eh also dieses Piesacken mächtiger Männer ist ein großes Thema bei ihm.

Hm.

Hm.

Hm.

Hm.

Hm,Hm.

Hm.

Hm.
Hm.

Hm.

Hm,Hm.
Hm.

Ja, da hatte er am Anfang einmal so nen Zick-Zack, einen Doppel-Zick-Zack gemacht. Also das erste Zick-Zack war, das hatte er glaube ich auch gesagt, der Versuch, mich also - ich hab's so verstanden - zurückzuweisen als als ernsthaften Gesprächspartner, dem er so immer die Wörter, die Beschreibungswörter - 'was sie mir "erzählt" haben' und 'was ich "erzähle"', also herunterschrauben von "Beratung" auf 'Erzählen', und dann hat er irgendwann den Gegen-Zick-Zack gemacht, als er eh also seine Kehle hinhielt, mit dem Haschisch-Nehmen, also richtig, 'ich muß es jetzt erzählen', also richtig reinspringen, übermäßig weit fast. Und danach war das, empfand ichs als ne relativ gerade Linie aus so ner mittleren kognitiven Nähe. Auch durchaus bei ihm mit mit Regungen, aber (3) mit kleinen Affekten allenfalls und auch mit, wie gesagt, sehr, also mit Erinnerungen, die jetzt im Autoritätsbereich Schule ganz gut klappen, ihm kam also auch in der letzten Sitzung ganz ganz viel noch hoch, also wie an dem Magneten, dieser Ein/ Einsicht, verdammt, ich provoziere und wundere mich, daß, also ich schlage Einladungen aus zur Kooperation, provoziere und wundere mich, daß ich dann nur noch am Katzentisch unterkommen kann, bei den Schülern.

Hm.

Hm.
Hm.

Naja, muß er sich halt immer sehr klein gefühlt haben. Also ich komm deswegen darauf, weil ich dachte, also der der Supervisand hat ja viel Nähe-Angst, und ehm bei bei dem, was ich so emotionales Verstehen genannt habe, heißt es ja, ehm das geht ja nur, wenn man Verinnerlichungen zuläßt, also wenn er das, was er hier begreift, auch verinnerlichen kann. Das geht nur über Zulassen von Nähe, das muß ihm so nahe kommen, daß es in ihm aufgeht. Solche Verinnerlichungen des Lernens passieren in der Frühkindlichkeit zwischen Mutter und Kind, wenn es gutgeht. Und ich hab die Vermutung, daß es bei ihm also schwierig war, und das kann nur schwierig sein, wenn eine Mutter das nicht entspannt kann (2) mit dem Kind und das Kind frühzeitig viel Angst bekommt vor Liebesverlust, vor Fehlern eh und sich deswegen frühzeitig abschirmen muß aus Angst. Und naja und dann ehm sozusagen die Selbstständigkeit über über kognitive Leistungen entwickelt, aber aber eben dürftig bleibt in der emotionalen Verinnerlichungsfähigkeit, und das scheint mir ein Problem zu sein bei ihm. Und insofern, denke ich, ist es sehr wichtig, wieweit es gelingt, daß Sie eh eine geduldige Mutter sind für ihn. Also eh es geht ja sehr gut und reibungslos, daß Sie sich verständigen über Gegenstände, das funktioniert ja auch überraschend wenig autoritätsgestört, da ist er ja überraschend wenig autoritätsgestört in der Beziehung zu Ihnen.

Hm.
Hm.

Hm.

Hm.

Hm,Hm.
(3) Em, ja also was ich zur, so zur Beziehung und zum Interventionsverhalten noch sagen will, Herr T., ist, also es scheint mir so ehm, daß Sie einen Impetus haben, ehm, zu meinen, wenn Sie ihn klar und deutlich

Hm. (Räuspern)

Hm.

Hm.

Hm.

Hm.
Hm.

Hm.

Hm.
Hm.

Hm.

Ich überleg gerade, dieses, ehm, ja wie
ich damit umgegangen bin, die eine eine
Sitzung, wo er also auch ehm (4) von dieser einen Kindheitserinnerung erzählte mit
dem Vater. Ehm, ja, da da denk ich, hab
ich ihn, da hab ich ihn als Kind in
Schutz genommen gegen seinen damali-
gen Vater und gegen ihn, wie er jetzt
über sich als Kind erzählt. Also ich
hatte das Gefühl, ich muß ihm, ja, ich
muß ihm ihn als Kind näherbringen und
überhaupt zeigen, daß er daß er ei/
ja, daß er verstehend oder fair
mit sich als damaligem Kind umgehen
muß, um zu kapieren, weshalb er so
eine irrsinnige Angst hat. Jetzt weiß ich
nicht, ob ich das wiederum so gemacht
habe, daß ich ihm ja selber betroffen,
aber ihm das - ich sag mal - vorerzählt
habe. Also ich hab immer das Gefühl, ich
stellte ihm diesen kleinen F. dar, wie
dem eigentlich zumute sein muß, und
von daher die Frage, ehm (4) ja, ob er
von diesem kleinen F. her einfach nen
anderen Zugang zu seinen seinen jetzigen,
seiner harten Haut kriegen kann.

Das ist schon zuviel.
Hm.

Also ich hatte das Gefühl, ich konnte
das und -

Hm.

Hm.

Hm.

Aber ich mach immer gleich dann
perfekte

- wills immer gleich strukturell
aufrollen

geziet konfrontieren, kommen Sie am
besten weiter. Und ich denke, der
braucht zur Zeit am allernötigsten die
Einfühlung. Und das bedeutet, daß man
im Sinne also von Lernzielen natürlich
zunächst nicht weiterkommt, aber im
Sinne von Beziehungsaufbau, die später
Konfrontation möglich macht, annehmbar,
also im Sinne von Abwehr beruhigend
kommt man weiter. Also ich will sagen, ich glaube, wenn man von der ehm,
ich will mal sagen, rein geistigen Auseinandersetzung zu ein/ einem emotionalen
In-Bewegung-Setzen kommen will mit
ihm, ist es nötig, daß der ne tragende,
wohlwollende Beziehung spürt und daß
der entgegen seiner Vorerfahrung immer
wieder überraschend erlebt, da fühlt
sich jemand ein, auch wenn Sie es sachlich falsch finden, was er macht. Aber,
wenn es gelingt, mitzufühlen, warum er er
das so machen muß, oder warum er so
ist, das fände ich ganz wichtig, weil sich
damit, also der muß seinen Unglauben
auf Nähe verlieren können. Und wenn
das gelingen würde, dann ist ne Basis
geschaffen, auf der vorübergehende
Trennung, denn Konfrontation ist ja
Trennung, ist ja Gegenüberstellung,
angstfreier möglich wird. Konfrontation
ist für den so angstbesetzt, daß er das
nur kognitiv kann. (6)

Das, und die Frage ist zuviel -

Ja, also ich denke, genau das ist es,
also wenn Sie sich in den kleinen F.
reinfühlen, wie dem zumute war.

Ja, das ist genug.
Der Witz ist doch, er kann sich in den
kleinen F. nicht einfühlen, sondern er
kann den kleinen F. nur so erfühlen,
wie die Mutter oder der Vater den kleinen F. gefühlt hat. Er hat nämlich das
verinnerlicht, was Vater und Mutter gemacht haben in Bezug auf den kleinen F.
Das heißt, wenn Sie das können, dann
er/ dann schaffen Sie ihm einen Zugang
zu sich selbst als Dreijährigem oder wie
alt er war. Punkt.

Ja.
Ein Lernziel machen Sie daraus. Also Sie
Sie machen - Sie machen
daraus ihm also sozusagen ne
ne Wachstumsfährte,ne Lernzielplanung,

21 Hm.	oder wie man das nennen will und das,
22	denke ich, das ist zuviel -
23 Muß er selber später mal machen	
24	Nein, das kriegen Sie, das kommt auto-
25	matisch, wenn Sie das nämlich machen,
26 Hm.	verführt das zur Rationalisierung. Das
27 Hm.	heißt, das baut die Abwehr wieder auf,
28 Hm.	und dann sind Sie wieder auf der ko-
29	gnitiven Erwachsenenebene, wo Sie
30 Man sieht schön, wir sehen	sich verständigen
31 schön die Zusammenhänge, von oben.	
32 Hm.	Ja. Aber es wächst nicht. Er wächst
33 Hm.	nicht mit. Und da denke ich, also wenn
34 (lacht)	Sie, wenn Sie das schaffen, daß Sie mit
35 Tja.	Ihrem Einfühlungsvermögen zufrieden
36 Hm.	sind (3) und Ihr Wissen drumherum.
	sozusa-
37	gen Ihren riesigen Handwerkskoffer des
38	intervenierenden Supervisors unbeachtet
39 Ja.	stehen lassen, haben Sie für sein
40 Hm.	Wachstum paradoxerweise mehr getan.
41	Das dauert halt lange, aber das, das ist
42	der Ansatz, denke ich.
43 Stellen Sie sich mich mal als Mutter vor.	
44	Ist Ihnen das peinlich?
47 Nee, auch ne schöne Mutter bin	Kann ich mir vorstellen.
48 ich der A. beispielsweise manchmal.	
49 Aber Erwachsenen, glaube ich, noch	
50 nicht. Oder nur in Einzelaugenblicken.	
51	Ja, nur der ist da ein Kind, der F. Der
52 Hm.	braucht Kontakt zu dem Kinde in sich.
53	Das geht nur über Mütterlichkeit,
54 Hm. (5)	bei so ner frühen Phase.
55 Das Eins-siebenundneunzig-Kind, er ist	Ja.
56 eins-siebenundneunzig lang. Mir fällt	
57 jetzt auch noch ein, daß ehm, er nannte	
58 sich selber (3) als feige, also er bezeichnete	
59 sich selber als feige. Ich überleg gerade,	
60 in welcher Situation er diese Bewertung	
61 auspackte. Es ging irgendwann mal um	
62 (2) Vorerfahrung mit Kooperation, wie er	
63 mit den damaligen Erwachsenen, den Eltern,	
64 und auch er mit, da er ja Einzelkind ist	
65 mit außerfamiliären Freunden, und ihm	
66 fielen wiederum nur Situati/ also mit	
67 seinen Eltern keine Kooperationssituatio-	
68 nen ein, sondern eher also Ausgeliefert-	
69 sein oder piesacken und mit nem	
70 Freund, mit nem frühen Freund, wobei das	
71 auch erst im Alter von sechs oder sie-	
72 ben war, Situationen, wo man zusammen	
73 Pläne ausheckt gegen andere und,	
74 wenn es schiefgegangen war, sich trö-	
75 stete, aber auch nicht zueinander hielt	
76 in der Situation, er vor allem nicht. Also	
77 sein Freund ging mit ihm mit, als er das	
78 Auto kaputtgefahren hatte, aber in ner	Hm.
79 anderen Situation, als ich auch fragte,	
80 ob er auch sich kennt, als jemand,	Hm.
S.10 1 der bei anderen mitgeht, sagte er 'nee',	
2 und dann kam auch so, 'ich bin, also ich	Hm.
3 bin irgendwo da feige'. Diese, das war	Hm.
4 die Situation, wo er von, von dem Kolle-	
5 gen P. erzählte, eh, den er als ähnlich so	
6 links und engagiert wie sich selber er-	
7 lebt, der irgendwann im Kollegium mal	
8 zu weit ging. Der hatte in irgendeiner	
9 Konferenz mal eh Aggressiv-Emanzipato-	
10 risches an Vorschlägen gebracht und	
11 ging baden und er, F., guckte dem zu,	
12 betroffen, nach dem Motto, 'so, das pas-	
13 siert mir nicht'. Auch diese Situation	
14 empfand er als feige im nachherein. (4)	Hm.
15 Und dieses mit dem feige ist	
16 auch ehm, das kriegt natürlich nen völ-	
17 lig anderen Touch, wenn man das mal	
18 von dem kleinen Einzelkind aus überlegt,	
19 also wo kann sich das bei den Eltern,	
20 wobei ich nur wenig über die Mutter	
21 weiß, wo kann sich das was anderes leisten.	Er auch nicht.
22	Aber bewertet wird es streng.
23 Ja. (4) Wer da, ob da der Vater der Haupt-	

```
24  werter ist (3) und welche Rolle da die
25  Mutter spielt, ob sie zwar in ner mil-
26  den Form, aber eigentlich die die väterli-
27  chen Bewertungen trotzdem stützt, also
28  zumindest implizit stützt, halt nur trö-
29  stend so drüberwischt, das vermute ich
30  fast, also ich glaube nicht, daß die
31  Mutter ein Gegenpol war, sonst müßte
32  er was von ihr wissen.
33
34  Hm.
35
36  Hm.
37
38
39
40
41  Hm.
42  Darauf insistiert, daß er -
43  Hm.
44  Hm.
45  Hm.Hm.
46  Hm.Hm.
47  Hm.
48
49
50  Mir fällt jetzt ein, daß er das, glaube
51  ich getestet hat, mit dem zweiten Zick-
52  Zack, mit dem Haschisch, wo er nicht
53  allein blieb also mit seinem Angebot, das
54  ist wirklich doch der letzte Scheiß, den ich
55  mache, ich als Lehrer darf sowas nicht.
56  Ehm, er hat das nie, von sich aus dann
57  nie mehr angesprochen, also diesen Bereich,
58  wo ich also gar nicht viel zu geredet hab,
59  sondern - (4). Aber ich red jetzt, ich
60  merke auch, daß ich ehm ja, zwar auch
61  den kleinen F. ihm versuche näherzu-
62  bringen. Den kleinen F. sehr viel, ja,
63  ich glaub schon, daß ich da Verständnis
64  entgegenbringen kann, weil ich selber
65  für mich sehr schwer auch dem kleinen
66  W. überhaupt erstmal, ja, denke ich, fair
67  entgegengekommen bin, aber daß ich
68  relativ schnell dann über den aktuellen
69  F., der doch eigentlich gefälligst nun
70  mal losmacht, anderes tun kann, und der
71  hält sich dann auch an den alten F. -
72
73
74  Hm.
75
76
77
78  Hm.
79
80
S.11 1  Hm.
2
3  Hm.
4
5
6  Hm.
7
8  Hm.
9
10  Ja.
11  Ja.
12
13  Hm.
14
15  Hm.
16  Nee, das müßte ich ja eigentlich selber
    gut wissen, daß das keine Sache von -
17
18
19  Ja.
20  Das ist halt auch auch der erste eh der
21  erste Supervisand überhaupt, das ist
22  der, über den ich zumindestens die er-
```

Ja.

Ja und ich glaube, genau der Punkt, wenn Sie ehm das gütig erleben, also mit Güte anschauen und und ihm sagen würden, das finde ich gar nicht feige, sondern das ging ja wohl nicht anders, wenn man so ein kleiner, einsamer Bursche ist, ehm, dann dann müssen Sie damit rechnen, daß er Ihnen das aus der Hand schlägt.
Also -
Und das macht aber nichts. Also dann besteht die Gefahr, daß Sie mit ihm diskutieren, das darf er ruhig und so haben Sie es erlebt, Punkt. Fertig. Und das heißt, das wirkt, das wirkt. Das heißt, wenn, (3) der wird nicht glauben können, daß Sie das so fühlen.

Ja. Und ich glaube, es ist wichtig, daß Sie sich versuchen freizumachen eh von einem Supervisorenziel, also das ja immer heißt, in 20 Sitzungen muß man ne Sache fertigmachen, das ist in einem, wenn man eine solche Problematik angeht, ist das Quatsch. Also wenn der in der Supervision Kontakt bekommt und glaubenswert erlebt, daß in Ihrer Beziehung Sie Güte leben zu dem kleinen F., dann wird sich sein Verhalten als großer F. in seiner sozialen Szenen ändern. Das ist dann, also das heißt, Sie werden merken nach einiger Zeit, wenn das gelingt, daß der soziale Szenen anders gestaltet. (3) Und
das wird wahrscheinlich was Unfertiges, diese Supervision in dem Sinne, wie man das so ehm. Der Mann macht was Neues, der hat was Neues begonnen, was er noch nie in seinem Leben gemacht hat. Eine solche Beziehung, so wie der die jetzt beginnt mit Ihnen, das hat der noch nie
gemacht. Das kann nicht fertig werden.

Nee, ich möchte Sie nur gerne ein bißchen befreien von dem Rollendruck, den man als lernender Supervisor schnell hat.

ste Arbeit ehm schreibe, möglicherweise auch die zweite, also die ja dann nen Gesamtprozessen nen abgeschlossenen Gegenstand haben soll. Und so auch dieses, ja dieses Bedürfnis, zaubern zu	
	Ja, ja.
können: 'guck mal, was ich alles kann', also das das steckt, denke ich, also sowohl als Außendruck, als auch als Innendruck von <u>mir</u> drin und das krieg ich,	
	Hm,
in Situationen spielt das keine Rolle, so in Einzelsituationen mit ihm, vor allem wenn er so, auch so Kindheits<u>erin</u>-	
	Hm,
<u>nerungen</u>. (4) Ich hab, also bei mir steckt auch , also es ist ein anderer Punkt, den ich eh jetzt quer von der Seite rein auch über die die erste Sitzung der Balint-Gruppe mit K. in B., die hat jetzt bei uns angefangen, 50 mal 6 <u>Stunden</u>, -	
	In B. ist die Gruppe?
B., ja., eh -	
	Wer macht die Gruppe?
K. Der ist <u>da am Institut</u> von X. Ist Mediziner und <u>Psychoanalytiker</u> -	Wissen se - Assistent von X oder was?
Von X oder,- er steckt in einem Projekt über - promoviert er auch drüber - Balint-Gruppen, ich glaube sein Prof mit englischem Namen, der eine andere Balint-Gruppe macht; welche Beziehung zu X, weiß ich nicht <u>genau</u>. Also ich weiß, daß	
	Hm,
er mit in dem, auch in der Ausbildung, der der psychoanalytischen, drinsteckt, der <u>Ausbilder</u> (...). Das hat mich insofern (5) ja	
	Hm,
irritiert, bedroht, wie auch immer, eh als K. rund um die Balind-Gruppen-Arbeit sehr stark immer ansprach ehm, also erstmal hat der so ein ganz ökonomisches Konzept, also schon nach ner halben Stunde Problem-Diskussion, sagt er schon, könnte man versuchen, zusammenzufassen, Handlungsanweisungen, als wär's, als wäre es wirklich mit Medizinern, die wenig davon verstehen und die <u>erwarten</u>, daß nach anderthalb Sitzungen, bevor man sich für vierzehn	
	Hm,
Tage nicht mehr sieht, auch was rauskommt. Also dadurch wird die Mechanik ner klassischen Balind-Gruppe, sag ich mal, eh vielleicht sehr deutlich, aber es ist ungewohnt schnell ehm, undganz massiv immer auf die die Target-Group, also bei mir wäre das auf F. und seine Schüler bezogen. Also der hebt ganz stark ab und sagt eh, die (3),sowohl die Beziehung F. - ich, also wir haben nicht über F. geprochen, aber im Parallelfall - als auch F. und Kollegen und Vorgesetzter agieren zum Teil Probleme aus, die eh mit der Sache zusammenhängen, mit der Art, wie er mit seinen eigentlichen Klienten, nämlich den Schülern, arbeitet,	
	Hm.
und insofern müßte man immer vorrangig sich überlegen, soll man nun die Gangart mit dem Schulleiter - ich übertrag jetzt das alles auf meinen F., es ging da um Sozialarbeiter in ner, in ner Behindertenwerkstätte - sollen wir nun vorrangig überlegen, wie kann der F. die Probleme mit seinem Schulleiter anders angehen, besser verkraften, wenn sie nicht anderbar sind, und so fort, oder sollen wir nicht gefälligst lieber überlegen, mit ihm so zu arbeiten, daß er wirklich gute Arbeit mit den Schülern macht, also auch so sieht und deshalb auch ne ganz andere Position hat. jetzt mit seinem <u>Vorgesetzten</u> anders	
	Hm.
umzugehen, und das, das hat mich offensichtlich eh gepiekst, weil ich in der Situation sofort selber nachdachte, ja verdammt, aber F. hat nicht seine Beziehung zu seinen eigentlichen Klienten als sein Problem eingebracht, sondern	

```
24  er will arbeiten genau an den kollegia-
25  len Beziehungen, an der Vorgesetzten-
26  Beziehung. Also ich hab mir gleich das
27  zurecht gelegt und hab zweitens dann mir
28  auch zurechtgelegt, der kriegt zwangs-
29  läufig ne andere - er muß ne, in ande-
30  rer Weise ne Beziehung zu den Schülern
31  machen, wenn er mit Kollegen ne befrie-
32  digendere Beziehung entwickelt, und dann
33  kann man immer noch an den Schülern
34  arbeiten. Ich hab nicht das Gefühl, daß
35  er mit Schülern eh irgendwie makellos
36  arbeitet, sondern ich denke, er er hält          Hm.
37  sie auch ganz schön als Schutztruppe,
38  eh, aber ich kann nicht an zwei Sachen
39  zugleich, und der muß erstmal Alternati-
40  ven kriegen in der Kollegiumsbeziehung.
41  Aber daß ich mir das so zurechtlegte
42  ehm, daran spürte ich auch, also daß es
43  mich auf nem halben kalten Fuß er-              Hm.
44  wischte, und dahinter steckte bei K.
45  auch so die Betonung, also nix The-
46  rapie, nix jetzt gemeinsam abschwir-
47  ren in biographischen Dimensionen, wirk-
48  lich nur ganz punktuell, sofern sie un-
49  erläßlich sind für die Klientenbe-
50  ziehungsklärungen, während ich mit dem
51  F. im Augenblick denke, also auch
52  nochmal der Gang durch seine Frauenli-
53  nie ist ausgesprochen (3) nützlich und
54  gut und sinnvoll. Also ich von mir aus  eh,    Hm.
55  nach dem auch, was Sie jetzt sagen, hab
56  das Gefühl, ich bin (3) ich bin mütterli-
57  cher, wenn ich mit ihm in seinem eh
58  Kindbereich ein Stück weit noch noch daran
59  arbeite, (3) also einfach auch versuche,
60  mit ihm rauszufinden und auch auch seinen
61  Erinnerungen (3) bißchen mehr Frei-
62  heit zu geben. (3) Und jetzt frage ich
63  gewissermaßen Sie als (lachend) Super-
64  Balintgruppenleiter, also Lehr-Supervi-
65  sor eh, -
```

Also ich (2) möcht mich da nicht in die Konzeption einmischen, ehm ich ehm ich denke ehm, also es ist wichtig, daß das Verstehen ehm sehr entwickelt wird. Weil, weil die Abwehr kleiner werden muß bei dem Mann, die Angst also kleiner werden muß, damit er mehr Nähe zulassen kann. Und wenn er mehr Nähe zulassen kann und das in dieser Beziehung geht, im Unterschied zu anderen Beziehungen, ist das die Basis, um Konfrontation ertragen zu können, emotional ertragen zu können. Wenn er es nicht kann, wird er sie nur kognitiv ertragen können; das verändert die Persönlichkeit nicht. (3) Das ist das ganze Geheimnis. (4) Also wenn der ein Grunderleben entwickelt, der meint es gut mit mir, der B. meint's gut mit mir und der ist nicht unkritisch, aber ehm der verurteilt mich nicht, wenn ich das oder das nicht kann oder so im Sinne von 'der ist ja ein/ der F. ist ein unmöglicher Mensch', sondern im Sinne von na halt 'der F. hat da einen Fehler gemacht oder hat was nicht gesehen', und aber sozusagen das Grundvertrauen wird davon nicht tangiert, also man ist nicht, man muß nicht Angst haben eh, auf Beziehungsverlust. Diese Grundangst, wenn die aus der Beziehung allmählich schwindet, dann kriegen Sie ne Basis für ein weiteres Arbeiten, das ist das Geheimnis. Und das hat der dringend nötig

```
66
67
68  Hm.
69
70
71
72
73
74
75  Hm.
76
77  Hm.
78
79  Hm.
80  Hm.
S.13 1
  2  Hm.
  3
  4
  5
  6  Hm.
  7
  8  Hm.
  9
 10  Hm.
 11
 12
 13  Hm.
 14
 15
 16  Hm.
 17
 18  Hm.
 19  (3) Also ich glaub, daß er (2) eh in in der
 20  Art, wie er mit seinem + was was die kol-
 21  legiumshandlungen von ihm angeht, ich
 22  glaube, ich glaub zwar, daß er da mit-
 23  kriegen kann, daß ich da nicht auch,
 24  auch mimisch nicht, weil ich das auch eh
```

auch überhaupt nicht schlimm finde, sondern eher nur ge/ einfallsreich und konsequent von ihm finde ehm, daß ich da nicht so als als moralischer Typ sitze. Aber ich glaub auch, das reicht insofern nicht, weil ich ja selber nun nicht gerade ein Affektausbreiter, ein Atmosphärenausbreiter bin. Also ich bin selber auch eher gewohnt, in ner - wenn das nicht erotische Situationen sind mit ner Frau dann - auch eher so in ner zulassenden und leicht humorvollen oder spöttischen Weise, nicht wertend, aber eben intellektuell <u>irgendwo</u>, umzugehen, und insofern reicht das bei ihm glaub ich <u>nicht</u>. (5) Und vielleicht nehm ich auch einfach seine Neugier - also er hat zwei-, dreimal angesprochen, wieviel er noch nachhängt dieser dieser Männerlinie. Eh vielleicht laß ich mal meine offizielle Schulsupervision, also wirklich nur einzelne Linien mal biographischer Art ziehen, vielleicht laß ich mal die Scheu und (2) eh mach mal auch den Gang durch seine Mütter. (3) Wenn ihn das sehr interessiert und ich da vielleicht auch eher zeigen kann, eh ja (lachend) Mütterliches entwickeln kann, eh ist das vielleicht ganz gut, mach ich das einfach.

Hm.

Hm.

Hm.

Hm.
Hm.

<u>Jaja,</u> also ich hab elterlich, ich hab insofern gemischt reagiert in der Situation, als ich sagte: Und, war es schön? Ja, und dann aber auch gesagt hab, was ist passiert, so daß du plötzlich wieder in ner anderen Ecke <u>warst</u>. Also ich bau ihm, ich mach ihm nicht ne Badewanne <u>daraus,</u> ne Gefühls<u>badewanne.</u> Und vielleicht ist das einfach eh (4) also ich (3) also ich reagier da zwar drauf so, aber ja, für mich ist es dann auch leicht, wieder so strukturell dann weiterzuknüpfen. Und das da braucht er wahrscheinlich auch ne andere Zeit zum Baden.

Hm.
Hm.
Hm.

Hm.
Hm.

Hm.

Hm.

Hm.

Hm.
Hm.

Wissen Se, es ist, eh eigentlich ist es für mich ehm immer jeweils ne ne situativ-emotionale <u>Beziehungsfrage</u>. Also wenn wenn der zum Beispiel erzählt eh, 'da hat mich bei dem Fest der Schulleiter angesprochen und dann saß ich da und auf einmal war ich wieder <u>weg</u>, weil ich da irgendwas' und so, da würde man als Mutter sagen: 'Ach, das ist aber schade, daß du da nicht bleiben konntest und das auch mal genießen <u>konntest,</u> daß das entspannt ist. Ach, das hätte ich dir aber <u>gegönnt</u>'. Das würde die Mutter sagen. Und ein Vater würde sagen, der es gut meint, 'weißt du, dann mußt du aber auch mal überlegen, ob du dazu neigst, was künstlich zu <u>provozieren</u>'.--

Hm.

Hm,Hm.

Ja, der braucht ne Zeit für die Gefühlsschwingung. Eh, wenn er dazu neigt, da nicht zu <u>glauben</u>, macht er es <u>weg</u>. Er hält das nicht aus, <u>lange</u>. Deswegen kann man das nur machen, indem man ihm zeigt, wieviel da <u>geht</u>, er weiß das <u>nicht</u>. (14) Und zur Balint-Gruppe, wissen Sie, lesen Sie - am besten lesen Sie Balind <u>selbst</u>. Der Balint war ein außerordentlich mütterlicher Mann. Der ist eigentlich ehm der erste von der von dieser ganzen Freud'schen Galerie, den man als mütterlich <u>bezeichnen</u> kann. Das ist ja auch kein Wunder, daß er die frühestkindliche Geschichten <u>aufgebracht</u> hat. Und da gibt es viele Beispiele von, wo der einfühlend etwas erleben konnte und damit Zugang, gütigen Zugang schaffen <u>konnte</u> ehm, wo + also wo sonst jemand gedeutet <u>hätte</u>, ein anderer

```
27  Hm.
28  Hm.
29
30  (lachend) klug, ja eh (7) Werd ich mal
31  meine meine heimliche Mütterlichkeit mal
32  ausprobieren, diese (lachend) Beziehung
33  gerade zu tun.
34
...
49  Hm.
50
51  Hm.
52
...
57    Hm.
58
59
60  Hm.
61
62
63  (20) Ja, mir wurde auf jeden Fall ganz
64  weich, als Sie meine Mütterlichkeit
65  ansprachen, ehm. (30) Jetzt hab ich eben
66  (4) das selbe Thema wieder, als ich
67  nämlich dachte, so jetzt muß ich aber
68  schnell noch übergehen zu dem anderen
69  Thema, und auch dachte, 'jetzt, wo du in
70  der schönen Stimmung bist und es dir
71  gut geht mit dir, dann bleib doch noch
72  was drin, verdammt noch mal' (14).
73  Aber ich will jetzt trotzdem, weils auch
74  mit Kindhaftigkeit von mir zu tun hat
75  vielleicht, noch über die vier Frauen,
76  die nachher kommen, wenn ich zuhause bin.
77  (zweiter Fall)
```

Freudianer hätte da gedeutet. Und das das ist zwar klug und richtig (Lachen), daß man --

Hm.

(12) Wie geht es Ihnen manchmal so eh, wenn Sie, also wenn Sie über Termine sprechen und Sie sagen da, daß Sie da eben mit Ihrer Tochter zusammen sind. Da erleb ich zweierlei. Also auf der einen Seite erlebe ich ehm sehr wohltuend, daß das etwas Unberührbares ist. Also da sind Sie fest und lassen nicht dran rütteln. Das ist die Zeit, die gehört uns beiden. Das hat was Geheimnisvolles. Und dann gibt es einen Punkt, wo ich etwas ängstlich werde eh, wenn wenn Sie sagen, aber dann kann ich hiersein, da krieg ich in dem Augenblick ne Angst, hoffentlich macht der dann den Abschied nicht zu schnell, ehm, mit der einen Geschichte mit dem zehn Uhr fünfzehn, hatten wir das vorhin. Damals sagten Sie: 'Dann bring ich sie in den Kindergarten'. Und dann, dann hab ich noch gesagt: 'Geht es auch? Müssen Sie auch nicht hetzen?' Und an der Stelle krieg ich dann ein Problem, hoffentlich werden Sie da nicht verführbar und machen den Abschied zu schnell, das ist nicht unwiederbringlich, das wär schlimm. Kommen Sie lieber später. So, das, so gehts mir da.

Die angeführten Seitenzahlen und die Zeilennumerierung korrespondieren mit der Zitation im folgenden Beitrag von Albert Bremerich-Vos.

Albert Bremerich-Vos

Über Verständigungsaufgaben im Supervisionsprozeß

1. Über Pedanten, Nebulisten und Transkripte

Verstehen und Verständigung – das ist, mit Fontane zu reden, ein weites Feld. Wo es also betreten?
Als ich an die Ausarbeitung meines Beitrags ging, habe ich länger darüber nachgedacht, wie denn nun einzusteigen sei. Sollte ich etwa beginnen mit einigen einschlägigen Geschichten aus meiner noch jungen Praxis als Supervisor? Sollte ich als jemand, der im Hauptberuf mit germanistischer Sprachwissenschaft befaßt ist, in aktuelle Kontroversen der Hermeneutik einführen, die als Kunst der Auslegung fremder Rede bzw. als „Kunst der Verständigung" (Gadamer) für unser Thema ohne Zweifel besonders wichtig ist?
Ich habe mich für ein drittes entschieden, das Zitat eines Alten, eines Klassikers der Hermeneutik. Schleiermacher ging davon aus, daß nicht nur im Fall der Lektüre fremder und schwieriger Texte, z.B. der Bibel, mit Verstehensschwierigkeiten zu rechnen sei, sondern schon in den gängigen Situationen unseres burgerlichen Alltags. Manchmal sind uns „Bedeutungen der Wörter, Sinn der Sätze, Zusammenhang der Rede" (Schleiermacher 1976, 134) nicht klar; Stolpersteine u.a.: Vagheit, Mehrdeutigkeit, Kontextabhängigkeit von einzelnen Wörtern, (zu) komplexe Syntax, unklare sogenannte illokutionäre Rolle einer Äußerung. (Will man, wenn man in einer bestimmten Situation „Es zieht" sagt, nur eine Behauptung aufstellen, oder handelt es sich um eine indirekte Aufforderung, daß ich die Tür endlich schließen soll?)
Verständlich also die Frage, ob nicht Handwerkszeug zur Verfügung gestellt werden kann, dessen methodischer Gebrauch zur verläßlichen Ausschaltung von Mißverständnissen führt. Schleiermacher, der große Vertreter der romantischen Hermeneutik, schlägt zunächst folgende für den hier interessierenden Zusammenhang relevante Unterscheidung vor: „Viele, ja vielleicht die meisten von den Tätigkeiten, aus denen das

menschliche Leben besteht, vertragen eine dreifache Abstufung der Art, wie sie verrichtet werden, eine fast geistlose und ganz mechanische, eine, die auf einem Reichtum von Erfahrungen und Beobachtungen beruht, und endlich eine im eigentlichen Sinne des Wortes kunstmäßige." (Schleiermacher 1976, 131)
Die mechanische Art bestehe im Austausch von quasi prognostizierbaren Redensarten über „gemeine Gegenstände", die zweite beruhe vornehmlich auf der Imitation von Meistern bzw., modern gesprochen, auf Modell-Lernen; erst die dritte, die kunstmäßige, sei es schließlich, die „in würdiger wissenschaftlicher Gestalt den ganzen Umfang und die Gründe des Verfahrens auseinandersetzte." (Schleiermacher 1976, 132)
Was, mit anderen Worten, verlangt wird, wenn auf Kunstmäßiges gesetzt wird, sind nicht Modelle, als Beispiele, sondern Regeln, also allgemeine Sätze etwa der folgenden Form: „Immer wenn eine Situation des Typs S vorliegt, handle auf die Weise Y!" Wie komme ich aber dazu, zu erkennen, daß eine konkrete Situation ein Fall von S ist? Das steht ihr ja nicht auf der Stirn geschrieben. Hier ist das gefragt, was man traditionell **„Urteilskraft"** nennt. Habe ich die Bezeichnung des Typs zur Verfügung und suche ich ein „passendes" Exemplar, dann ist die **bestimmende** Urteilskraft im Spiel; ist mir kein derartiger Begriff präsent, dann muß ich meine **reflektierende** Urteilskraft mobilisieren.
Schleiermacher begreift die Hermeneutik deshalb als Kunst, weil das in Lehrbuchform vermittelbare Regelwissen allein niemals hinreichend sein kann. Es kommt eben auf Urteilskraft an, letztlich, so Schleiermacher, auf Talent, und zwar auf Sprachtalent und zweitens auf das „Talent der einzelnen Menschenkenntnis". (Schleiermacher 1977, 81) Denn: „Wie jede Rede eine zwiefache Beziehung hat auf die Gesamtheit der Sprache und auf das gesamte Denken ihres Urhebers, so besteht auch alles Verstehen aus den zwei Momenten, die Rede zu verstehen als herausgenommen aus der Sprache, und sie zu verstehen als Tatsache im Denken." (Schleiermacher 1977, 77) Entsprechend unterscheidet er das grammatische vom psychologischen Verstehen und warnt eindringlich davor, die beiden Talente einseitig auszubilden. Wer nur darauf abhebt, die jeweilige Rede mit anderen Sprachprodukten zu vergleichen, kann zwar vielleicht ihre Bedeutung würdigen, nicht aber das „individuelle Persönliche", das in ihr zum Ausdruck kommt. Indem er nicht „den ganzen Menschen" zu sehen vermag, verdient er das Prädikat „Pedant". Der andere aber, der auf psychologisches Verstehen fixiert ist, der „über das Sprachliche hinpfuschen" will, ist in der Gefahr, dem, dessen Rede er zu verstehen sucht, „Intentionen anzudichten, die ihm nicht in den

Sinn gekommen sind", kurz, er eignet sich zum „Nebulisten". (Schleiermacher 1976, 157f)
Die Figuren des Nebulisten und des Pedanten können als Extreme auf einer Skala verstanden werden, denen empirisch nichts korrespondiert, denn „es kann in keinem einzelnen Ausleger sein, der so ganz auf der einen Seite stände, daß ihm die Empfänglichkeit für das, was auf der andern geschieht, abgeht." (Schleiermacher 1976, 157)
Obwohl es sich also um Kunstfiguren handelt, sind sie doch nützlich. Fragt man nämlich, welche von beiden in der supervisorischen Aus- und Fortbildung eher Pate stehe als die andere, dann dürfte sich die Waagschale auf der Seite des Nebulisten senken. Das hat u.a. – so meine These – mit dem üblichen Primat der Mündlichkeit zu tun.

Supervisions„lehrlinge" e r z ä h l e n ihren Lehrsupervisoren in der Regel von ihrer eigenen supervisorischen Praxis, und die „fertigen" Kolleginnen und Kollegen kommen in einer Balintgruppe zusammen, in der m ü n d l i c h Fälle präsentiert werden. Es gibt viele gute Gründe für diese Dominanz der Mündlichkeit, die hier nicht im einzelnen rekapituliert zu werden brauchen.

Als jemand, der von seinem Erstberuf her ohnehin in der Gefahr ist, als „Pedant" (im Sinne Schleiermachers) angesehen zu werden, möchte ich aber dafür plädieren, der Schriftlichkeit mehr als bisher Raum zu geben: genauer: verschriftete, transkribierte Supervisionsprozesse als sinnvolles Lernmittel zu begreifen und einzusetzen.

– Hier hat man räumlich vor sich, was sonst in der Zeit abläuft und nur noch in Gedächtnisspuren präsent ist. Als am Prozeß Beteiligter ist mir die jeweilige Gesprächszukunft ungewiß. Als Analytiker kann ich hin- und herblättern, habe das ganze vor mir.
– Damit ist ein Verfremdungseffekt gegeben. Indem ich den Prozeß objektiviere, gerate ich in Distanz, kann Alternativen zum realen, transkribierten Prozeß konstruieren und durchspielen.
– Soweit ich als Akteur selbst beteiligt bin, komme ich zu Bestätigungen, aber auch Korrekturen meines bisherigen Selbstkonzepts. Ich begreife mich z.B. als nichtdirektiv und muß bei der Durchsicht des Transkriptes feststellen, daß ich eine Menge direkter Sprechakte produziere usw.
– Indem der mikroanalytische Blick eingeübt wird, Details einfach deshalb Gewicht gewinnen, weil sie anders als im Fall der Mündlichkeit Bestand haben, eben „schwarz auf weiß" dastehen, wird die – allerdings keineswegs unproblematische – Professionalisierung befördert. Die vergleichende Analyse von vielen transkribierten Fällen führt

vielleicht zur Einsicht in die Spezifik des Gesprächstyps Supervision, in die für Supervision konstitutiven Regeln.

Natürlich darf über den Vergleich der vielen Fälle nicht der einzelne Fall aus dem Blick geraten, darf – in Schleiermachers Ausdrucksweise – das grammatische das psychologische Verstehen nicht verdrängen.

Über diesen minutiösen, nicht unter dem Druck von Handlungszwang oder knapper Gedächtniskapazität stehenden Vergleich wird aber vielleicht deutlich, was den vielen Fällen – in noch zu erläuternden Hinsichten – gemeinsam ist. Damit hätte man mehr als das, was Schleiermachers zweite Stufe ausmacht: Die Imitation einzelner Meister, die ihr Recht ohnehin behauptet, würde ergänzt um Einsichten, die aus einer Analyse der Praxis von vielen, nicht nur der Meister, erwachsen.

Nicht eingelöst würde auf jeden Fall, was eingangs als Erwartung im Spiel war: Aus der Analyse der supervisorischen Verstehenspraxis von vielen kann ich niemals eine Technik zur Ausschaltung meiner Mißverständnisse gewinnen. Es mag sein, daß ich im günstigsten Fall zu einer Klassifikation der „Reparaturversuche" von Mißverständnissen komme. Wie dem auch sei: Es bleibt, was hermeneutische Klassiker wie Schleiermacher zur Wahl des Ausdrucks „Kunst" nötigte: Selbst wenn ich die Regeln, die ich aus dem Vergleich induktiv gewonnen habe, für mich akzeptiere (was im übrigen ja keineswegs der Fall sein muß), bleibt zu differenzieren zwischen meinem Regelwissen und meinem Regelfolgen. Letzteres kann nicht selbst wiederum geregelt sein, sondern ist Sache der Urteilskraft, des Talents in Schleiermachers Diktion.

Im folgenden geht es (noch) nicht um eine vergleichende Untersuchung vieler Transkripte. Dafür ist hier nicht der Raum. Es soll aber auch nicht der Eindruck erweckt werden, als könne aus dem Vollen geschöpft werden. Ein Transkript zu erstellen, ist arbeitsintensiv; vor allem aber ist es aus naheliegenden Gründen nicht leicht, die eigene Supervisionspraxis auf diese Weise selbst zu dokumentieren oder anderen zur Dokumentation zu überlassen und damit – wenn auch anonymisiert – der (Fach-) Öffentlichkeit zugänglich zu machen.

2. Aspekte der Analyse des Transkripts einer Lehrsupervision

Wer als Psychoanalytiker und als Patient rollenkonform handeln will, muß gelernt haben, daß sich der psychoanalytische Diskurs vom alltäglichen Diskurs in wesentlichen Hinsichten unterscheidet. Vor allem Grund- und Abstinenzregel laufen dem für alltägliche Gespräche charakteristischen Kooperationsprinzp zuwider. H. Paul Grice hat einen vieldiskutierten Versuch unternommen, dieses Prinzip zu spezifizieren, indem er vier Maximen unterscheidet: Nach der Maxime der **Quantität** sind wir im Alltagsdiskurs gehalten, unsere Beiträge im Hinblick auf den jeweiligen Gesprächszweck so informativ wie nötig und möglich zu gestalten. Gemäß der Maxime der **Qualität** sollen wir nichts sagen, was wir für falsch halten bzw. wofür uns angemessene Gründe fehlen. Die Maxime der **Relation** besagt, daß wir relevant zu sein haben, und laut Maxime der **Modalität** müssen wir klar sprechen, dh. Dunkelheit des Ausdrucks und Mehrdeutigkeit vermeiden, kurz und der Reihe nach sprechen. (Grice 1979, 240 f)
Dieser Katalog mag im einzelnen fragwürdig sein; dennoch trägt er zur Erhellung der Struktur des psychoanalytischen Settings bei. Hier redet der Patient, auch wenn er nicht gefragt ist (Verletzung der Maxime der Quantität); von vornherein wird unterstellt, daß alles, was er sagt, relevant sei, was mit der Relevanzmaxime nicht zu vereinbaren ist. Auch die anderen Maximen sind ersichtlich außer Geltung. (Vgl. Koerfer, Neumann 1982)
Im Falle des Diskurstypes Supervision bzw. Lehrsupervision sind die Verhältnisse komplizierter. Selbst der psychoanalytisch orientierte Supervisor setzt ja nicht auf Grund- und Abstinenzregel, geschweige denn die Supervisoren, die sich anderen „Schulen" verpflichtet fühlen.[1] Dennoch dürfte die Strategie, das „Schicksal" der für Alltagsdiskurse einschlägigen Kommunikationsmaximen im Kontext der Supervision zu untersuchen, aussichtsreich sein.
Dieser Weg soll hier aber nicht gegangen werden.
Vielmehr interessiert mich primär, was in kommunikationswissenschaftlicher Perspektive „Normalformerwartungen" genannt worden ist. Als solche Erwartungen können Idealisierungen angesehen werden, „die von den Interaktionspartnern zur Bewältigung von Verständigungsproblemen und zur Lösung von Arbeitsaufgaben vorzunehmen sind." (Giesecke, Rappe 1982, 209) Demnach wird Supervision als eine komplexe,

kooperativ zu lösende Aufgabe begriffen, die etwa folgendem Ablaufschema folgt: Nach der Eröffnung fällt dem Supervisanden zunächst die Teilaufgabe zu, ein Problem zu exponieren, das gegebenenfalls im Verein mit dem Supervisor reformuliert wird. Dem schließt sich eine Phase der Lösungsentwicklung und -verarbeitung an, die noch vor der Schlußphase in einen Handlungsvorschlag münden kann.
Ein solches rudimentäres Aufgabenschema muß nicht in jedem Fall faktisch realisiert sein. Einzelne Komponenten können reduziert und elaboriert werden, ihre Abfolge ist nicht festgelegt; die Komponenten können ihrerseits weiter in Teile zergliedert werden, die mehr oder weniger relevant sind. „Die Eigenschaften, die ein Schema aufweist, kann man sich am besten vorstellen als Variablen oder Leerstellen, die aufgefüllt werden können, wann immer das Schema auf einkommende (Input-)Information angewendet wird (). Unmittelbar verbunden mit der Interpretation einkommender Informationen ist der ‚Vorhersagecharakter' des Schemas. Indem Informationen in das Schema eingefügt werden, führen sie zum Aufbau von Erwartungen über den weiteren (nachfolgenden) Input. (...) Schemata entstehen durch Induktion aus zahlreichen Erfahrungen des Individuums mit verschiedenen Beispielen (konkreten Ausfüllungen) des generischen Konzepts, und sie werden auf diese Weise immer weiter präzisiert." (Hoppe-Graff 1984, 1)
Natürlich ist eine präzise Definition dessen, was ein Schema im einzelnen ausmacht, schwierig, gilt doch nicht nur, daß Schemata in der Anwendung präzisiert, sondern auch, daß sie dabei modifiziert werden. Im Rahmen von empirischer Arbeit habe ich ja niemals zunächst ein separat analysierbares Schema, dessen Aktualisierung, Präzisierung und Modifizierung ich dann in einem zweiten Schritt studieren könnte. Vielmehr stehen mir nur Aktualisierungen zur Verfügung, die ich als verschiedene Realisierungen ein und desselben Schemas (oder auch mehrerer Schemata) deute. Eine solche Deutung ist heikel, aber auch hilfreich, weil sie angesichts der faktischen Variabilität der je konkreten Supervisionsprozesse nicht auf eine Kapitulation hinausläuft, sondern beharrlich auf die „Einheit in der Vielfalt" zielt.

Welche Verständigungsaufgaben haben die Beteiligten nun zu bewältigen? Einmal haben sie sich über ihre sozialen Identitäten und Beziehungen zu verständigen, darüber, wie sie Ratsucher- und Berater-Rollen gestalten wollen.
Zum zweiten haben sie sich darüber zu verständigen, was – dem leitenden Zweck des Unternehmens Supervision entsprechend – „alles dazu-

gehört", welche Schemakomponenten in Frage kommen und wie sie gegebenenfalls auf den Begriff zu bringen sind.
Schließlich haben sie sich über die Gesprächsorganisation zu verständigen, darüber, an welcher Stelle der Sequenz sie gerade „angekommen" sind.
Bevor ich mich vor dem hier knapp skizzierten Hintergrund mit einigen Aspekten des Transkripts beschäftige, sind vier Vorbemerkungen nötig:
– Das Transkriptformat hat zwar im Vergleich mit den meisten von Linguisten bevorzugten Formaten den Vorteil, leicht lesbar zu sein. Es sind aber viele Dimensionen ausgeblendet, die kommunikativ sehr relevant sind, z.B. Mimik, Gestik, Parasprachliches. Wären sie integriert, müßten sich unter Umständen die Lesarten einzelner Stellen erheblich verändern. (Bekanntlich kann man den manifesten Gehalt der eigenen Rede non- oder paraverbal Lügen strafen.)
– Es handelt sich um einen Fall von Lehrsupervision. Will die Analyse von Supervision nicht ihrerseits hinter deren Anspruch, institutionelle, personale und kommunikative Faktoren zusammenspannen zu können, zurückfallen, dann hat sie den Einfluß des institutionellen Kontexts auf den Interaktionstyp systematisch zu bedenken, vor allem die Problematik, die sich aus der (realistischen?) Perzeption des Status eines Lehrsupervisors als Berater und **Beurteiler** ergibt. Auch dies kann hier nicht geleistet, sondern nur als Desiderat festgehalten werden.
– Die Analyse von Transkripten ist selbst ein hermeneutisches Geschäft, das – siehe Schleiermacher – zwar möglichst rational, aber eben doch als Kunst zu betreiben ist. Das rechtfertigt nicht die gängigen negativen Prädikate wie „Subjektivismus", „unmethodisch", „nicht nachprüfbar", „unpräzise" usw. Es werden vielmehr Interpretationshypothesen gebildet, die u.a. auf ihren internen logischen Zusammenhang und auf ihre Vereinbarkeit mit möglichst vielen weiteren Textstellen hin überprüft und gegebenenfalls modifiziert und verworfen werden können (vgl. Stegmüller 1975, 71).
An diesem hermeneutischen Geschäft haben sich alle Mitglieder der Arbeitsgruppe „Verstehen und Verständigung" intensiv beteiligt. Ihnen sei an dieser Stelle herzlich gedankt.

– Ich greife nur einige Aspekte auf. Die Idee der „Vollständigkeit" einer Analyse ist zwar unsinnig. Aber auch ohne ihr anzuhängen, wird man nach intensiver Lektüre des Transkripts bemerken, daß eine Reihe von interessanten Phänomenen ausgespart bleibt.

Zunächst soll nach dem Gesprächsablauf und der Sukzession der Aufgaben gefragt werden.

Wie weit erstreckt sich die Eröffnung? Handelt es sich nur um die ersten beiden Zeilen, die den lokalen Rahmen der Lehrsupervision betreffen, oder soll auch die relativ lange Phase des Aushandelns (bis S.3, Zeile 33) als Teil der Eröffnung verstanden werden? Darauf wird zurückzukommen sein. Kein Zweifel dürfte daran bestehen, daß die Phase der Problempräsentation mit 3,34 beginnt: „Ja, ich hab, zum einen möchte ich gern rund um F. (2) zwei Sachen ansprechen und nachher noch ein bißchen zu der Vorbesprechung, zu der Art der Vorbesprechung von der Supervisionsgruppe."[2] Die Präsentation geschieht im wesentlichen im Medium einer Erzählung. Eine bedeutende Rolle spielen Hypothesen über Motive des Supervisanden. „Meint er, er müsse Ergebnisse abliefern bei mir?" (3, 68f) „Will er sich mir vorführen als vollkommener Lerner, will er mich bestechen, wovon soll ich die Pfoten lassen?" (5, 68-71) Wollte man auf einen Vergleich von Alltags- und Supervisionsdiskursen hinaus, dann könnte man hier wahrscheinlich fündig werden. Betrachten wir nämlich im Alltag eine eigene oder eine fremde Handlung im nachhinein, so erklären oder rechtfertigen wir sie in Form eines Schlusses der folgenden Art: „A beabsichtigt, irgendeinen Zustand herbeizuführen. Er glaubt, daß er das dann schafft, wenn er die Handlung a tut. Folglich macht er sich daran, a zu tun." Diese Erklärung besteht also im wesentlichen aus einer Kombination von Intention („beabsichtigen") und kognitiver Einstellung („glauben"). Dabei gehen wir davon aus, daß wir dem Handelnden in der Regel beides zuschreiben können, daß er seiner Intentionen und kognitiven Einstellungen gewahr ist. Im supervisorischen Kontext dagegen halten wir es offenbar für normal, d.h. erwartbar, daß Intentionen unbewußt und Äußerungen über innere Zustände nicht für bare Münze zu nehmen sind. Entsprechend fallen unsere Motivhypothesen aus.

Was den **Komplex** der Problempräsentation angeht, so fällt auf, daß er **interaktiv** ausgearbeitet wird. Der Lehrsupervisor fragt zunächst explizit nach einer Präzisierung („Frage is jetzt, was wir daran oder was Sie gern mit mir daran besprechen wollen ...", 48 ff), und dann leistet er einen wesentlichen Beitrag, indem er einen Teil des Problems (nämlich den Anteil des Supervisanden F.) **terminologisiert** („ich glaube ..., daß er Schwierigkeiten hat, die Brücke vom kognitiven zum emotionalen Verstehen zu schlagen. Und daß er sicher manches kognitiv verstanden hat, aber daß er es emotional noch nicht verarbeitet haben kann", 6, 10-17)

Die Problempräsentation endet mit 6,61, mit einer expliziten Frage, die auf Analogien zwischen dem Lehrsupervisanden B. und dem Supervisanden F. abhebt.
Die Phase der Lösungsentwicklung beginnt mit 6,62, der Frage des Lehrsupervisors nach der Mutter von F.
In der Perspektive des Lehrsupervisanden mag dies zunächst nicht deutlich sein (obwohl dem Transkript entsprechende Hinweise nicht zu entnehmen sind). Wir Analytiker, die wir das eigentlich in der Zeit sich Abspielende räumlich vor uns haben, können aber erkennen, daß der hier sich anbahnende Lösungsvorschlag mit der vorangegangenen Terminologisierung des Teils des exponierten Problems intrinsisch zusammenhängt. Diese Terminologisierung wird vom Lehrsupervisor nämlich in 7, 25 ff weiter elaboriert, und nun wird klar, welche Relationen seiner Auffassung nach zwischen dem Mutter-Schema und der Unterscheidung von kognitivem und emotionalem Verstehen bestehen. In diesem Kontext expliziert er seinen Lösungsvorschlag: „Und insofern, denke ich, ist es sehr wichtig, wie weit es gelingt, daß Sie eh eine geduldige Mutter sind für ihn." (7,53-55)
Der überwiegende Teil des restlichen Transkripts kann als Ausarbeitung von Lösungsentwicklung und -verarbeitung (Plausibilisierung von Seiten des Lehrsupervisors) angesehen werden. Der als positiv gesetzte Lösungsvorschlag wird mit Alternativen verglichen, so mit Konfrontation (8, 17 ff) und „Lernzielplanung" (9, 18 ff); das Mutter-Schema wird weiter präzisiert, etwa durch Vergleich mit einem Vater-Schema (13, 57 ff), schließlich erörtert man in verschiedenen Etappen und ausgehend von einer Initiative des Lehrsupervisanden („Stellen Sie sich mich mal (lachend) als Mutter vor"; 9, 43 f) eine zentrale Lösungsbedingung, nämlich die Eignung des Lehrsupervisanden als „Mutter" (s. auch 14, 19 ff).
Gesondert wäre die „Balint-Geschichte" (11, 38-12, 65) zu untersuchen, deren Status als „Nebenlinie" vom Lehrsupervisanden auch entsprechend behandelt wird (12, 65 f).
Eine Schlußphase dürfte eingeläutet sein mit „So, das, so geht's mir da." (14, 59), von wo aus der Lehrsupervisor resümierend und überleitend das nächste, im Fragment nicht mehr enthaltene Problem exponiert.
Schaut man näher zu, wie sich die beiden Beteiligten über die **Gesprächsorganisation verständigt** haben, darüber, welche Teilaufgaben gerade anstehen, dann kommt man zu dem Befund, daß hier offenbar wenig Bedarf für explizite Koordination bestand. Der Lehrsupervisor markiert mit „alles klar" (3, 33) das Ende der Phase vor der Problempräsentation, der Lehrsupervisand signalisiert sowohl Anfang als auch En-

de seines ersten Beitrags zur Problempräsentation (3, 34 und 5, 46), wobei die Endpause besonders lang ist und vom Lehrsupervisor mitgetragen wird. Darüber hinaus sind explizite Markierungen, die auf eine Sicherung der Verständigung über den jeweils erreichten Ort in der Sukzession des Gesprächs abzielen – also z. B. einschlägige Rückfragen, Zusammenfassungen usw. – m.E. nur im Fall der Schlußphase, hier wieder in Form einer langen Pause (14, 59) auszumachen.

Wesentlich komplexer muß die Antwort auf die Frage ausfallen, **wie die Akteure sich über die einzelnen Komponenten von Problempräsentation und Lösungsentwicklung verständigen.** Was wird eigentlich als Problem exponiert? Es ist ja nicht nur der Supervisand F., der im Zentrum der Geschichte steht, sondern – dem lehrsupervisorischen Setting entsprechend – ebenso der Lehrsupervisand B., z.B. an folgender Stelle: „Also für ihn ist das, glaube ich, auch ein Thema, für mich im übrigen ja auch, also ‚wieviel Geduld hab ich mit mir?' (2) ehm auch ‚wie fair gehe ich mit mir um als jemand, der halt ja ne ganze Reihe von Problemen nicht einfach wegmachen kann? Und halte ich trotzdem zu mir schon unterwegs oder erst, wenn ich angekommen bin?'" (6, 52-60)

Daß in der Regel beide, Lehrsupervisand und Supervisand, als Problemträger auftauchen, ist nicht primär auf je spezifische, als personal zu deklarierende Problemkonstellationen zurückzuführen, sondern ist die Entsprechung einer normativen Handlungserwartung, die mit der **Institution Lehrsupervision** in der Welt ist. Als jemand, der in der **Rolle** des Lehrsupervisanden ist, **hat** man Probleme dieser Art **zu präsentieren**. An dieser Stelle zeigt sich also besonders deutlich, wie folgenreich das Ausblenden des institutionellen Rahmens sein kann. Detailanalysen zu diesem Abschnitt muß ich mir ersparen, möchte aber wenigstens darauf hinweisen, daß im hier interessierenden Kontext mit aller Vorsicht einiges über den Verstehensstil, die „Gangart" des Lehrsupervisors auszumachen ist. Er bemüht sich um eine **Terminologisierung** des vom Lehrsupervisanden angebotenen Materials (z.B. „Autoritätsproblematik", „kognitives" und „emotionales Verstehen") und um zwar auf den Einzelfall bezogene, aber auf Generalisierung abzielende **Argumentation** (vgl. z.B. s.7)[3]. Die Beiträge des Lehrsupervisanden werden durch die begrifflichen Angebote des Lehrsupervisors strukturiert, einer Reduktion unterworfen und damit für den weiteren Diskurs „handlich" gemacht. Es gibt keine Anzeichen dafür, daß der Lehrsupervisand diese Verstehenspraxis seines Gegenübers mißbilligt. Insofern dürfte auch in diesem Aufgabenfeld die Verständigung kooperativ gesichert sein.

Wie steht es schließlich mit der **Verständigung der Akteure über ihre Identitäten, Beziehungen und Rollen als Berater und zu Beratende?** Es hat den Anschein, als sei im Hinblick auf dieses Thema bereits die Eröffnungsphase bzw. die Phase vor der Problempräsentation – die des Aushandelns von Terminen – eine Fundgrube. Soll wechselseitig demonstriert werden, daß man sehr beschäftigt ist, in Göttingen, Soest, Berlin; im Rahmen eines Kongresses, den man auch noch selbst veranstaltet (2, 6; 2, 40; 3, 7; 3, 14-19)? Es liegt auf der Hand, daß die Deutungsphantasie des Transkriptanalytikers gerade in diesem Feld besonders zu disziplinieren ist.

Ich beschränke mich auch aus diesem Grund auf die Nennung weniger Stellen: Der Lehrsupervisor bekräftigt explizit den Status des anderen als „lernender Supervisor" (11, 18ff), empfiehlt ihm – damit seine eigene Lehrrolle bestätigend – die Lektüre von Balint (14, 14 f), bekräftigt, daß er ihn sich als Mutter vorstellen kann (9, 44 f), bescheinigt ihm, über einen „riesigen Handwerkskoffer des intervenierenden Supervisors" (9, 37f) zu verfügen.

Der Lehrsupervisand spricht zuweilen von seinen Ansprüchen in Richtung „perfekte" (9, 17) und „Super-Supervision" (5, 63) und adressiert den Supervisor am Ende der Balint-Episode als „Super-Balintgruppenleiter" (12, 63 f), allerdings, wie im Transkript vermerkt, in diesem Fall genauso lachend wie zu Beginn, wenn er (sich selbst ironisierend?) sagt, „dann muß ich einfach ungeheuer gut und selbständig arbeiten" (1, 37 f). Zahlreiche weitere Stellen können unter dem Aspekt der Imageproduktion herangezogen werden, u.a. die, an denen die Terminologie- und Argumentationsarbeit des Lehrsupervisors besonders deutlich wird.

Selbstverständlich kann auf dieser schmalen Basis kein Urteil darüber gefällt werden, ob die wechselseitige Versicherung des Verständnisses der Personen und Rollen „gelungen" ist. Es sollte aber deutlich geworden sein, daß die Beteiligten diese Aufgabe tatsächlich haben.

3. Einige abschließende Bemerkungen

Ein (Lehr-) Supervisionsprozeß wurde hier unter dem Paradigma der Aufgabenlösung ansatzweise untersucht. Es wurde ein Modell der Phasen (Einleitung – (kooperative) Problempräsentation – Lösungsentwicklung (-plausibilisierung) – Lösungsverarbeitung – Schluß) und ein Modell der Sicherung von Verständigung in drei Bereichen („Beziehung", „Struktur", „Organisation") vorgestellt und appliziert.

Obwohl am Einzelfall angewandt, versteht sich doch, daß die analytischen Kategorien aus einem Vergleich von vielen Fällen stammen. Mit ihrer Hilfe soll, wenigstens zu einem guten Teil, abbildbar sein, was Supervisor(inn)en als Normalformerwartungen verinnerlicht haben. Man mag, um noch einmal Schleiermacher zu bemühen, der Auffassung sein, daß damit der Pedanterie mehr als Genüge getan sei. Dem möchte ich unter Verweis auf die Figur des Nebulisten begegnen.

Wenn wir nicht wie er „über das Sprachliche hinpfuschen", sondern es in Form von Transkripten zum beständigen Objekt unserer Aufmerksamkeit machen, dann nützt uns das vielleicht in mehreren Hinsichten:

– Indem wir lernen, Gangarten, Verstehensstile der Akteure zu identifizieren, werden uns unsere eigenen vielleicht bewußter.
– Indem wir verschiedene Ebenen der Verständigungsarbeit unterscheiden, werden wir vielleicht für jeweils einschlägige Signale sensibler.
– Indem wir uns um eine Bestimmung von phasenspezifischen Aufgaben bemühen, werden wir im Hinblick auf Phasenkonfusionen vielleicht klüger.
– Indem wir Sprachliches stärker fokussieren, erweitern wir vielleicht unseren Wahrnehmungsraum und, damit vermittelt, auch unser Diagnose- und Interventionsrepertoire.

Ich weiß daß dieses Gebrauchswertversprechen zwiespältig ist, legt es doch die Frage nahe, ob damit nicht der „Rollendruck" propagiert wird, den der Lehrsupervisor im Transkript als (wenn auch verständliches) Übel einstuft.

Mir bleibt nur die Versicherung, es **so nicht** gemeint zu haben. Um ihr Nachdruck zu verleihen, sei abschließend zitiert, was Franz Wellendorf nicht aus Analytiker-, sondern aus Beteiligtenperspektive, nicht als Anwalt eines Soll-, sondern als Beschreiber eines Istzustandes formuliert hat: „Was wir verstehen, ist nur ein blasser Abglanz dessen, was an emotionalem und kognitivem Leben geschieht. Die Supervisionssituation entwickelt sich als eine gemeinsame Szene, in der wir reden, berichten, inszenieren, schweigen, verheimlichen, verstehen, mißverstehen, nicht verstehen, Kontakt aufnehmen, einsam sind, Angst haben, Hoffnung schöpfen, von Wut überwältigt werden, Zuneigung und Liebe empfinden." (Wellendorf 1982, 8)

Darauf sollten wir uns als Supervisoren/innen verständigen können.

Anmerkungen

1 Es läge im übrigen nahe, die für die jeweiligen Schulen charakteristischen Konzepte von „Verstehen" und „Verständigung" miteinander zu vergleichen. Perls etwa unterscheidet die „bösen" Tätigkeiten des Erklärens („bloß ein unaufhörliches Nachfragen nach dem Grund des Grundes des Grundes des Grundes des Grundes") und Interpretierens („wenn ihr von einem Traum etwas Wirkliches haben wollt, so interpretiert nicht") vom „guten" Verstehen, das sich nicht auf das zu beziehen habe, „was dieser Mensch sagt: hört auf den Klang. (...) Der Klang sagt euch alles. Alles, was ein Mensch ausdrücken will, ist da – nicht in den Worten." (Perls 1979, 52, 76, 61) Die gesprächstherapeutische Ansicht vom einfühlenden, nicht wertenden Verstehen ist davon ebenso zu unterscheiden wie Adlerianische, transaktionsanalytische usw. Versionen.
Die Heterogenität der Ansätze wird besonders deutlich, wenn man Perls' Verdikt gegen das Erklären mit Habermas' Konstruktion der Psychoanalyse als verstehend-erklärender Wissenschaft vergleicht, welche die Diskussion lange Jahre beeinflußt hat. Demnach bezieht sich die psychoanalytische Deutung „nicht auf Sinneszusammenhänge in der Dimension des bewußt Intendierten. (...) Die Auslassungen und Entstellungen, die sie behebt, haben einen systematischen Stellenwert (...). Die Verstümmelungen haben als solche einen Sinn. Ein verdorbener Text dieser Art kann in seinem Sinn zureichend erst erfaßt werden, nachdem es gelungen ist, den Sinn der Korruption selber aufzuklären: das bezeichnet die eigentümliche Aufgabe einer Hermeneutik, die sich auf die Verfahrensweise der Philologie nicht beschränken kann, sondern Sprachanalyse mit der psychologischen Erforschung kausaler Zusammenhänge vereint." (Habermas 1973, 266)
So eindrucksvoll unterschiedlich die Verwendungsweisen von „Verstehen" aber auch sein mögen: Es bleibt zu fragen, ob die Selbstcharakterisierungen in der supervisorischen **Praxis** auch zum Ausdruck kommen. Das ist eine empirische Frage, die an umfangreichem Material zu bearbeiten wäre. Von einer Antwort sind wir noch weit entfernt.

2 Das Thema „Supervisionsgruppe" ist im vorliegenden Transkript ausgespart. Insofern handelt es sich um ein Fragment.

3 Diese Charakterisierung eines Stils, einer Gangart („der begrifflich-argumentativ Orientierte") ist natürlich problematisch. Man hätte ja auch z.B. abheben können auf die Gänseblümchen-Geschichte (6, 3 ff) oder auf die Exemplifizierung der Schemata von „Vater" und „Mutter" (13, 57 ff) und wäre dann womöglich zu einer anderen, zumindest differenzierteren Auffassung vom Individualstil des Lehrsupervisors gekommen. Thesen über einen solchen Stil resultieren darüber hinaus trivialerweise aus einem Vergleich, der hier gar nicht möglich ist. Der Leser/die Leserin sei also aufgefordert, diesen Vergleich auf der Basis seiner/ihrer Kenntnis vieler „Fälle" (auch des eigenen) selbst zu ziehen und die Stilbehauptung auf diese Weise zu prüfen.

Literatur

Karl-Otto Apel, Juha Manninen, Raimo Tuomela (Hg): Neue Versuche über Erklären und Verstehen, Frankfurt/M. 1978
Michael Giesecke, Kornelia Rappe: Setting und Ablaufstrukturen in Supervisions- und Balintgruppen. Ergebnisse einer kommunikationswissenschaftlichen Untersuchung, **in:** Dieter Flader u.a. (Hg.): Psychoanalyse als Gespräch – Interaktionsanalytische Untersuchungen über Therapie und Supervision, Frankfurt/M. 1982, 208-302
H. Paul Grice: Logik und Konversation, **in:** Georg Meggle (Hg.): Handlung, Kommunikation, Bedeutung, Frankfurt/M. 1979, 243-265
Jürgen Habermas: Erkenntnis und Interesse, Frankfurt/M. 1973
Siegfried Hoppe-Graff: Verstehen als kognitiver Prozeß. Psychologische Ansätze und Beiträge zum Textverstehen, **in:** Zeitschrift für Literaturwissenschaft und Linguistik 55, 1984, 10-37
Armin Koerfer, Christoph Neumann: Alltagsdiskurs und Aktion, Stuttgart [3]1979
Friedrich Schleiermacher: Über den Begriff der Hermeneutik mit Bezug auf F.A. Wolfs Andeutungen und Asts Lehrbuch, **in:** Hans-Georg Gadamer, Gottfried Boehm (Hg.): Seminar: Philosophische Hermeneutik, Frankfurt/M. 1976, 131-165
Friedrich Schleiermacher: Hermeneutik und Kritik, hg. und eingeleitet von Manfred Frank, Frankfurt/M. 1977
Wolfgang Stegmüller: Der sogenannte Zirkel des Verstehens, Darmstadt 1975
Georg Henrik von Wright: Verstehen und Erklären, Frankfurt/M. 1974
Franz Wellendorf: Verstehen in der Supervision, **in:** Supervision 1, 1982, 7-20

Wolfgang Boettcher

Überlegungen zum Gesprächstyp ‚Supervision'

Verstehen und Verständigung

„Verstehen" ist ein fachsprachlicher Terminus; er gehört zum ‚Betriebswissen' von Supervisor und Supervisand[1]. Es ist nützlich, sich der alltäglichen Bedeutungsvarianten zu erinnern, in denen m.E. bereits die wichtigsten Spielarten des Fachbegriffs angedeutet sind:
1. inhaltlicher Aspekt: „Sag mal, verstehst **du** diesen Satz?"
2. Motivationsaspekt: „Ich verstehe nicht, worauf du hinauswillst"/ „Jetzt verstehe ich dich!"
3. Aspekt der Perspektivenübernahme: „Ich kann dich gut verstehen".
4. Akzeptanzaspekt: „Ich fühle mich verstanden".
5. Interaktionsaspekt: „Die beiden verstehen sich gut".

Auch in der Wörterreihe „verständig" (= 1., begrenzt auch 2.) – „verständnisvoll" (= 3. und 4., begrenzt auch 2.) – „Verständigung" (= 5.) zeigen sich die Komponenten supervisorischen Verstehens in ähnlicher, nur noch abgekürzter Weise: die kognitiv-analytische und die emotional-empathische Komponente und ihre Einbettung in die gemeinsame Interaktion.

In dieser Bedeutungsbreite des Verstehens-Begriffs wird oft auch die Rolle der Supervision insgesamt gesehen bzw. praktiziert (zumal wenn unterschiedliche Verständnisse von „Supervision" Hand in Hand gehen mit den Positionen des Supervisors ‚in der Linie' oder ‚außerhalb der Linie'): zwischen der Pflicht des Supervisors, die ‚Macken' des Supervisanden detektivisch herauszuarbeiten (und den Supervisanden unbestechlich/unerbittlich für die Institution bewertbar zu machen) („Staatsanwalt-Modell"), einerseits und dem Verständnis-Haben für die Schwächen des Supervisanden (und ihn gegen die Institution schützen) (Modell „mothering") andererseits.

Beziehung als Methode?

Verstehen und Beziehungsgestaltung erscheinen also als zwei Aufgaben-Pole im Supervisionsprozeß.
Eine erste Formulierung dieser Aufgabenspannung könnte lauten: Supervisor und Supervisand müssen eine Beziehung entwickeln, die aufgrund ihrer zulassenden, warmen, akzeptierenden Dimensionen Vermeidungen und Widerstände niedrig hält und – für die Entwicklung des Verstehens notwendige – („zugewandte") Konfrontationen des Supervisors gestattet ohne Bruch der bis dahin entstandenen Beziehungsdichte.
Ein derartiger Begründungszusammenhang für die Aufgabe ‚Beziehungsgestaltung' hat freilich etwas Strategisches: ‚Beziehung' wird instrumentalisiert für die Verstehensarbeit.
Es deutet sich also eine Kontroverse zwischen Verstehen und Beziehung an; dahinter steht möglicherweise ein kontroverses Verständnis von Supervision als ‚Erkenntnisgewinnung' versus Supervision als ‚Wandlungsprozeß', plakativer formuliert: „Wissen oder Wachsen?"
Kontrovers wären dabei auch die Vorstellungen, wie Supervision wirkt, also: „Was ‚heilt' denn nun den Supervisanden?"
– die Diagnose des Supervisors (als Verstehensprodukt)?
– bestimmte Prozeßqualitäten; z.B. die Unbefangenheit des diagnostischen Angebots des Supervisors, durch die der Supervisand seine Wahrnehmungsverbote lockern lernt, oder z.B. auch die Modellerfahrung, daß Direktheit in der Beziehung nicht auf Kosten von Wärme und Akzeptanz gehen muß?
– die akzeptierende, ermutigende Beziehung insgesamt (als unspezifisches Medium der Selbstheilung)?
Und weiter in dieser Kontroverse: Verdirbt die Instrumentalisierung der Arbeitsbeziehung zugunsten der Diagnosegewinnung die ‚Heilkraft' der zwischen Supervisor und Supervisand entstehenden Beziehung?
Eine zweite – die erste korrigierende – Formulierung der Spannung zwischen Verstehens- und Beziehungs-Aufgaben wäre daher: Der Supervisionsprozeß ist selber – als Verstehens- und Verständigungsprozeß – Beginn des Umlernens des Supervisanden, ist ‚Training in Kooperation'; die sich entwickelnde Arbeitsbeziehung bekommt dabei Modellcharakter für die anderen Arbeitsbeziehungen des Supervisanden: Wie Supervisor und Supervisand hier und jetzt die durch Übertragungen usw. belastete Arbeitsbeziehung kooperativ bearbeiten, kann den Su-

pervisanden aufmerksam machen, wie er seinerseits Dort-jetzt-Beziehungen befriedigender, angemessener gestalten kann.
Freilich suggeriert nicht nur die erste Formulierung – die aktuelle Arbeitsbeziehung als Instrument für die Produktion von Verstehen –, sondern auch noch die zweite – die aktuelle Arbeitsbeziehung als Modell –, daß der Supervisor ‚Herr des Supervisionsprozesses' sei und entsprechend seinen konzeptuellen Vorstellungen den Verstehens- und Verständigungsprozeß steuern könne. Übersehen wird dabei zu leicht die grundsätzlich kooperative Natur des Verstehens, die wechselseitige Angewiesenheit von Supervisor und Supervisand und ihre Einbindung in die ‚Spielregeln' menschlicher Verständigung[2].

Gesprächstyp ‚Supervision'

Wenn die aktuelle Beziehung zwischen Supervisor und Supervisand den hohen Stellenwert eines Modells für das berufliche Handeln des Supervisanden oder/und eines Heilungsmediums erhalten soll, wird die – weiter oben eher nur provokativ gestellte – Frage grundsätzlich wichtig: Eignet sich das ‚Beziehungsmilieu' von Supervisionsprozessen als Prototyp ‚heilender Interaktion'?
Diese Frage soll hier nur unter dem Aspekt des **Gesprächstyps** ‚Supervision' angegangen werden; weder sollen also grundsätzliche Paradoxien von Helferbeziehungen – innerhalb einer Helferbeziehung Selbsthilfe lernen zu sollen – noch institutionelle Aspekte – z.B. die **interaktionellen** Folgen der unterschiedlichen institutionellen Verankerung des Supervisors – angesprochen werden.
Die Frage nach dem spezifischen Gesprächstyp ‚Supervision' soll dabei vorrangig aus der Perspektive eines noch nicht in die Regeln/Regelungen von Supervisionsverläufen einsozialisierten Supervisanden angegangen werden, indem einige relevante Unterschiede zwischen den Bedingungen von **Alltags**-Gesprächen und solchen von **Supervisions**-Gesprächen skizziert werden; in Supervisandensicht werden diese Unterschiede als Verletzungen von zentralen in Alltagsgesprächen geltenden Gesprächsregelungen erlebt.
Ich gebe Beispiele für Verletzungen von
– Gesprächsorganisationsregeln,
– Gesprächsmaximen,

– Basisregeln der Kommunikation[3].

Verletzung von Gesprächsorganisationsregelungen

Zu den Aufgaben der Gesprächsorganisation zählt die Regelung der Gesprächseröffnung, des Sprecherwechsels usw., vieles also auch von dem, was unter ‚Setting' gefaßt wird. Man kann dazu auch die Äußerungsverpflichtungen (in gesprächsanalytischer Terminologie: konditionalen Relevanzen) zählen, die sich Sprecher wechselseitig auferlegen; eine von ihnen ist die, daß B auf A's Frage („Kommst du heute abend zum essen?") mit einer Antwort reagieren muß oder – wenn er A's Frage zunächst mit einer Gegenfrage („Wer kommt denn noch?") storniert – nach A's Antwort („Klaus und Ingrid") auf diese Gegenfrage seinerseits auf A's Ausgangsfrage antworten („Ich komme auch") muß; also entweder ‚Frage^A – Antwort^B' oder ‚Frage^A – Frage^B – Antwort^A – Antwort^B'.

In Supervisionsgesprächen kann sich der Supervisor das Recht nehmen, eine Frage des Supervisanden (z.B. „Finden Sie das eigentlich schlimm, was ich gemacht habe?") mit einer Gegenfrage nach der (‚tieferen') Bedeutung dessen Frage (z.B. „Wie wichtig ist für sie im Augenblick, was **ich** dazu sagen würde?") zu stornieren, ohne seinerseits anschließend auf die Ausgangsfrage des Supervisanden mit einer Antwort einzugehen.

Aus der Sicht des – bislang nur in Alltagsgesprächen versierten – Supervisanden ist dies ein Bruch seines Anspruchs auf Antwort; in Alltagsgesprächen könnte er daraufhin insistieren: „Du hast mir immer noch nicht auf meine Frage geantwortet"; in der (beginnenden) Supervisionsbeziehung wird er dies nicht tun, oder er wird es – bei einer stark abstinenten Haltung des Supervisors – ohne Erfolg versuchen. In jedem Fall wird dadurch unweigerlich das (heimliche) Thema ‚Macht' in der aktuellen Arbeitsbeziehung verstärkt, gleich wie der Supervisor damit umgehen wird:
– ob er dieses Thema anspricht und mit dem Supervisanden daran arbeitet,
– ob er nochmals den Kontrakt und die in ihm vorgesehene ‚Einseitigkeit zugunsten des Supervisanden' anspricht
– oder ob er (zu seiner eigenen Entlastung) die Verärgerung des Supervisanden durch Partnerschaftsangebote ‚wegfüttert,.

Verletzung von Gesprächsmaximen

Sechs solcher Maximen sollen hier formuliert werden:
1. Verletzung der **Symmetrie-Maxime**: „Persönliche Informationen über mich verpflichten auch dich zur entsprechenden Offenheit". – Durch die (relative) Abstinenz des Supervisors und die Zielsetzung von Supervision (als professionelle Beziehung zwischen Beratungssuchendem und Beratungsgebendem) wird diese Verpflichtung aufseiten des Supervisors aufgehoben, ohne daß der Supervisand – will er nicht den Supervisionsprozeß blockieren – seinerseits ebenfalls (= symmetrisch) mit Rücknahme seiner Offenheit antworten darf.
2. Verletzung der **Selbstkenntnis-Maxime**: „Ich weiß am besten über mich Bescheid, ich lasse dich an meinem Wissen über mich teilhaben". – Der (tiefenpsychologische) Verstehensanspruch impliziert demgegenüber geradezu die Unzurechnungsfähigkeit des Supervisanden hinsichtlich einiger seiner Probleme: Der Supervisand weiß nicht, was er tut; und der Supervisor behauptet damit, besser als der Supervisand zu verstehen, was dieser ‚wirklich' über sich sagt bzw. körpersprachlich zu verstehen gibt. Ein solcher Deutungsanspruch wird in alltagsweltlichen Zusammenhängen nur in Eltern-Kind-Kommunikation oder in Beziehungskämpfen praktiziert, und die Unterstellung von Lügen ist im Alltag meist weniger irritierend als die Unterstellung von Selbstunkenntnis. Wie heikel dieser tiefenpsychologische Verstehensansatz für Beziehungen ist, zeigt – zur Pervertierung von Beziehungen übersteigert – der (bereits ‚klassische') Witz mit den beiden Tiefenpsychologen, die einander auf der Straße begegnen mit der Begrüßungsformel: „Ihnen geht es gut, wie geht es mir?".
3. Verletzung der **Körpersprach-Tabuisierung**: „Über körpersprachliche Bedeutungen redet man nicht!" – Während im Alltagsgespräch allenfalls in intimeren Beziehungen die Bedeutung bestimmter Körpersprach-Ausschnitte (insbesondere Mimik und Tonfall) angesprochen werden ‚darf', werden im Supervisionsgespräch gerade Auffälligkeiten in der Körpersprache und Nichtübereinstimmungen zwischen verbalen und körpersprachlichen Äußerungen (konfrontativ) angesprochen und zum Ausgangspunkt weiterer (Selbst-) Exploration gemacht.

Diese drei ersten Maximen kann man zusammenfassen als **Maximen zum Schutz der Intimität** der Gesprächsteilnehmer. Gerade durch ihre systematische Verletzung in Supervisionsgesprächen werden im Su-

pervisanden und in seiner Beziehung zum Supervisor biografisch ältere Abhängigkeiten und Kind-Eltern-Schemata provoziert, die ‚zuverlässig' zu brisanten Phasen in der Zusammenarbeit führen.
4. Verletzung der **Relevanz-Maxime:** „Sage nur, was für den anderen Bedeutung hat!" – Der Supervisand macht in Supervisionsgesprächen die gegenläufige Erfahrung, daß der Supervisor an seinen Äußerungen oft gerade dem Supervisanden nebensächlich erscheinende Aspekte für aufschlußreich hält. Bei dem Supervisanden entsteht dadurch bald eine Unsicherheit, was von seinen Erzählungen/Schilderungen unter welchem Aspekt für den Supervisor diagnostisch Gewicht erhält; dies hat zur Folge, daß er auf eine eigene Relevanzabstufung der von ihm berichteten Sachverhalte zunehmend verzichtet; was er sagt, bekommt aus seiner Sicht etwas Beliebiges (für den Supervisor ist dieser Verzicht auf eine Vorabzensur durch den Supervisanden dagegen ein Fortschritt in der Arbeitsbeziehung).
5. Verletzung der **Aufwands-Maxime:** „Fasse dich so knapp wie möglich!" – Der Supervisand macht die Erfahrung, daß die Forderungen nach Detailliertheit und Kürze anders verteilt sind als in Alltagsgesprächen mit ihrem eindeutigeren Gesprächsziel; dies erschwert seine Orientierung im Supervisionsgespräch.
6. Verletzung der **Verständlichkeits-Maxime:** „Sage das, was du selber verstehst, verständlich für den andern!" – In Supervisionsgesprächen ist die Mitteilung von Einfällen und Einschätzungen, die der Supervisand selber noch nicht versteht, diagnostisch (mindestens) gleichwertig mit Mitteilungen von Verstandenem; zumal es keine praktischen Redezwecke gibt, die eine schnelle Verständlichkeit erzwingen.

Diese drei letzteren Maximen könnte man zusammenfassen als **Maximen zum Schutz der Verständigung.**

Verletzung von Basisregeln der Kommunikation:

Eine für Alltagsgespräche fundamentale Basisregel ist die wechselseitige Unterstellung der Austauschbarkeit der Standpunkte: Wir unterstellen einander, daß wir die Sachverhalte letztlich in gleicher Weise sehen würden (wenn wir nur lange genug miteinander argumentieren würden). Dies ist eine Idealisierung, die es uns ermöglicht, den Gesprächsaufwand für Darstellung und Begründung von Erfahrungen/Handlungen begrenzt zu halten. Diese Idealisierung ist für die (meisten) praktischen Verständigungszwecke tauglich; zugleich arbeiten wir in Alltagsgesprächen durch Akte des bestätigenden Austauschs laufend an der Herstellung/Aufrechterhaltung dieser Ähnlichkeit unserer Relevanzrahmen.

In Supervisionsgesprächen wird nun – zunächst nur vonseiten des Supervisors – diese Basisregel außer Geltung gesetzt (beim Supervisanden bleibt sie zunächst in Geltung, wird durch die Interventionen des Supervisors jedoch außer Kraft gesetzt): Die Verstehensarbeit des Supervisors zielt geradezu auf die Herausstellung der Andersartigkeit des Relevanzrahmens des Supervisanden, der dessen – für ihn bis dahin unerklärliche – Symptome/Probleme zu rekonstruieren und dadurch verständlich zu machen erlaubt. Nicht die Zufriedenheit des Supervisors mit den angebotenen Äußerungen des Supervisanden, sondern die gleichsam detektivische Suche nach den latenten Bedeutungen ‚hinter' ihnen ist also die Aufgabe des Supervisors.

Dies bedeutet für den Supervisanden zunächst eine erhebliche Verunsicherung: Für wen produziert er eigentlich seine Texte: für den Supervisor? Für sich selber? Im Alltag produziert er sie z.B. als Kontaktmedium, als Aufforderung zu Tröstung oder anderen Formen der Zuwendung, zur wechselseitigen Hervorlockung von Intimität. In der Supervisionsbeziehung dagegen erhält er z.B. auf seine Leidenserzählungen hin keine – über die im Setting garantierte generelle ‚halbe' Nähe des Supervisors hinausgehende – spezifische Nähe als Belohnung und keine Wechselseitigkeit. Seine Äußerungen erscheinen ihm phasenweise daher als bloßes Diagnose-Verbrauchsgut. Sie hängen grundsätzlich in der Luft. Widersprüchlich muß dem Supervisanden aus seiner Sicht auch erscheinen, daß der Supervisor einerseits seine Bereitschaft erklärt (und auch zeigt), dem Supervisanden bedingungslos zuzuhören, gleichzeitig aber durch seine Reaktionen – nämlich: ganz bestimmte Aspekte des Erzählten zu thematisieren – deutlich macht, daß er an anderen Zusammenhängen interessiert ist als denen, die der Supervisand in seinen Erzählungen und Schilderungen anbietet. Die im Setting ‚versprochene' Nähe des Supervisors wird also – aus der Sicht des ‚uneingeübten' Supervisanden – nicht eingelöst: Dieses Verhalten des Supervisors erscheint ihm aus seiner Sicht als Liebesentzug.

Aus der Sicht des (noch nicht supervisorisch sozialisierten) Supervisanden führt dies streckenweise zu einer Pseudokommunikation mit dem Supervisor, und seine Rebellion gegen diesen Gesprächstyp und den Supervisor wäre nur zu verständlich.

Verstehen zwischen Vertrautheit und Verfremdung

Aufseiten des Supervisors entspricht dem eine Verstehensbewegung zwischen Vertrautheit und Verfremdung; er operiert mit (dem Wechsel zwischen) zwei unterschiedlichen Verstehenshaltungen, die ich so beschreiben will: Ich verstehe (fast) alle Äußerungen des Supervisanden zunächst einmal spontan und unmittelbar; wir sprechen die (fast) gleiche Sprache und beziehen uns auf die (ungefähr) gleichen Deutungsmuster. Ich verfremde mir diese Äußerungen dann aber oft mithilfe der Frage, ob das, was ich an einer Äußerung des Supervisanden spontan verstehe, alles ist, was daran zu verstehen ist; ich distanziere mich also methodisch von meinem spontanen Alltagsverstehen, auf der Suche nach dem, was der Supervisand „mehr sagt, als er meint".

Von dem alltäglichen Verstehen, bei dem ich gewissermaßen die Äußerungen des andern ohne Rest und glatt ‚verzehre', hebt sich also dieses professionelle Verstehen ab: Die Äußerungen des Supervisanden werden von mir in ihrer ‚normalen' Bedeutung suspendiert, in die Schwebe gebracht (und insofern also nicht verzehrt); ich sammle vielmehr solche Äußerungen und versuche, sie auf einer Linie zu sehen, die zum Verstehen der Sichtweisen und Handlungsmuster des Supervisanden führen hilft.

Wichtig ist hier, daß ich nicht durchgängig außerhalb alltäglichen Bedeutungsverstehens agiere, sondern im Wechsel beider Verstehensweisen: Natürlich verstehe ich bei der Begrüßung des Supervisanden sein „Guten Tag!" glatt und ‚ohne Arg', und auch z.B. während seiner Fall-Erzählung spaltet sich das professionelle Verstehen erst allmählich vom alltäglichen Verstehen ab: Ich verstehe dabei mehr von seiner Arbeitssituation und zugleich – durch Tonfall, Wortwahl usw. – etwas von seinen Sichtweisen und Beziehungsmustern. Gerade die Differenz zwischen alltäglicher und spezifischer Bedeutung der Äußerungen des Supervisanden gibt mir den Aufschluß: Ich höre ‚stereo' – mit zwei verschiedenen Ohren; und wie beim Richtungshören finde ich die Richtung der Probleme des Supervisanden durch den Vergleich der Bedeutungen, die ich mit beiden Ohren höre.

Welche Auffälligkeiten diese Distanzierungsbewegung in mir auslösen, soll im folgenden Abschnitt angedeutet werden:

Quellen des Verstehens

Aus welchen Informationszusammenhängen gewinnt der Supervisor sein Verstehen der Probleme des Supervisanden? Ich unterscheide das
– **Dort-Jetzt**, das
– **Dort-Damals** und das
– **Hier-Jetzt**
als Verstehensquellen; und jeweils kann man zusätzlich eher externe (= über den Supervisanden vermittelte) und eher interne (= über den Supervisor selbst vermittelte) Verstehensquellen unterscheiden.
Aus der Sicht des Supervisanden ist zunächst der einzige anstehende Gegenstandsbereich der Reflexion das Dort-Jetzt, d.h. sein fallinternes Problem. Die vom Supervisor einbezogene Ausdehnung der gemeinsamen Verstehensbemühungen auf das Dort-Damals, d.h. biografisch ältere Beziehungserfahrungen und aus ihnen resultierende Beziehungsmuster (= den „Gang zu den Müttern"), machen einige Supervisanden – zumal aus bestimmten Bildungs- und Berufskontexten – bereitwillig mit (und manche bieten – möglicherweise weil hinter ihrem Supervisionswunsch heimliche Therapiewünsche stehen – solche Erweiterungen ausdrücklich an). Die Erweiterung auf das Hier-Jetzt, d.h. die Gestaltung der aktuellen Supervisionsbeziehung, ist für die meisten Supervisanden erst einmal überraschend.
Wie man als Supervisor die Verstehensprozesse in diesen drei zusammenhängenden Bereichen – Fall, Biografie und Supervisionsbeziehung (in psychoanalytischen Termini: Inhaltsdeutung, genetischer Deutung und Übertragungs-/Widerstandsdeutung) – ausbalanciert, hängt von der Verarbeitungsbereitschaft und -fähigkeit des Supervisanden, von seiner Berufsrolle und vom Zustand der Arbeitsbeziehung ab.

Hier-Jetzt-Quellen:

1. **Körpersprachliche** Auffälligkeiten am Verhalten des Supervisanden (extern):
   – **Stimmliche** (= vokale/paraverbale) Auffälligkeiten: Ist die Stimme des Supervisanden (bei bestimmten Äußerungen) belegt oder klar, eng

oder offen, tief oder hoch? Ist sie laut oder leise, werden viele Akzentuierungen gesetzt, oder ist sie gleichmäßig in der Lautstärke? Ist sie langsam oder schnell, gehetzt oder ruhig, sind Pausen selten oder häufig, und sind sie kurz oder lang?
- **Nonverbale** Auffälligkeiten: Raumverhalten – wie ‚einnehmend' bewegt sich ein Supervisand in meinem Raum? Sitzweise, Gestik, Mimik, Blickkontakt. Kleidung und ‚styling' insgesamt.
- **Kanaldiskrepanzen** (= cross-channel-behaviour), d.h. Widersprüche in der Bedeutung körpersprachlicher und paralleler sprachlicher Äußerungen: Ein Supervisand lächelt konstant auch bei traurigsten Erzählinhalten.

Freilich: Vor welchem Bezugshintergrund definiere ich etwas als körpersprachlich auffällig: Bin ich als Supervisor im spontanen Deuten der Körpersprache traumwandlerisch sicher, entgegen allen in der Körpersprachforschung entdeckten und entdeckbaren Deutungsunsicherheiten und Mehrdeutigkeiten (die umso größer werden, je länger man über sie nachdenkt), oder bin ich leichtfertig subjektiv? Und wie gehe ich mit dem Deutungsrisiko in mir selber – dies wäre eine Frage der Deutungsgeduld – und in der Verständigung mit dem Supervisanden um: Welche meiner Deutungen spreche ich ihm gegenüber an, welche Deutungen ‚nehme' ich mir stillschweigend? Und wie schnell stabilisieren sich solche Einschätzungen zu einer Deutungsstraße, die ich nur noch schwer verlassen kann?

2. **Sprachliche** Auffälligkeiten an den Äußerungen des Supervisanden
- „Auffällig" heißt für mich dabei, daß es sich um öfters wiederkehrende (= quantitativ auffällige) oder um besonders gewichtige Einzelformulierungen bzw. widersprüchliche Formulierungen (beide = qualitativ auffällige) handelt:
- **Semantische** Auffälligkeiten:

Eine Supervisandin verwendet zur Charakterisierung ihrer Beziehung zu einer Klientin das Bild „breiig"/„Brei": Mein Einfall zu diesem Bild war damals: „Bewegungsverlust" (die Supervisandin kann in dieser Beziehung nicht mehr beweglich Nähe und Distanz regulieren, klebt an der Klientin fest); im Nachhinein denke ich auch an „Nahrung" (sie nährt sich – in diesem Punkt immer noch ‚Kind' – von der ‚Liebe' und Dankbarkeit ihrer Klientin, der sie bedingungslos hilft); beides zusammen zeigt gewissermaßen erst die Minus- und die Plus-Seite derselben Beziehung.

Ein Supervisand benutzte anfangs auffällig viele ‚Kriegs'-Wörter bei der Darstellung seiner beruflichen Beziehungen im schulischen Kollegium: „in der Schußlinie stehen", „die ballern rum", „scharfe Geschütze" usw. Ich assoziierte als seine Sichtweise ‚Beziehungen sind gefährlich, man muß sich vor ihnen schützen', und ich steuerte den weiteren Explorationsprozeß entsprechend.

Dazu einige Fragen: Auffällig war diese Kriegssemantik **für mich** – würde sie auch einem andern Supervisor auffallen? Ist es also eine Abweichung von **meinem** Sprachgebrauch oder (von meiner Einschätzung) des **allgemeinen**/durchschnittlichen Sprachgebrauchs? Bin ich durch diesen spezifischen Sprachgebrauch nur deshalb anregbar, weil/wenn ich die dahinterstehende Sichtweise von ‚Beziehungen = gefährlich' (z.b. aus meiner eigenen Biografie) gut kenne? Regen mich diese Auffälligkeiten zu weiteren Verstehensschritten an, oder fallen mir – umgekehrt – solche Bilder nur/erst auf, weil ich aufgrund anderer Diagnosequellen bereits eine solche Beziehungsproblematik des Supervisanden vermute?

– **Verzerrungen**: z.B. Übergeneralisierungen („Sie ist **immer** so verletzend zu mir"), **Ursachenunterstellungen** als Verdeckung eigenen Mit-Spielens („Sie macht mich mit ihrer Mäkelei mutlos" statt „Sie mäkelt, und ich reagiere darauf mit Mutlosigkeit").

Welche Theorie der Funktion von Gefühlen und von der Selbstverantwortlichkeit für Gefühlszustände steht dahinter, wenn mir solche – im Alltag ja geläufigen – Formulierungen auffallen?

– **Auslassungen**: z.B. subjektvermeidendes („Da **wird** immer geschimpft ...") bzw. -neutralisierendes Sprechen („**Man** kann doch nicht ..."); fehlende Differenzierungen nach Häufigkeit/Wichtigkeit, fehlende Detaillierungen nach Zeit/Ort usw. Ich assoziiere eher starre Normen und Sichtweisen.

Aber von welcher sprachlichen Norm ‚wohlgeformter' Äußerungen gehe ich dabei aus?

– **Erzählstil**: Wie erzählt der Supervisand zu Anfang seinen Fall – als Geschichte oder als Momentaufnahme, ‚ordentlich der Reihe nach' oder ‚Hals über Kopf', fakten- oder affektzentriert, kurz/blitzlichtartig oder ausführlich, etappenweise oder en bloc, spontan oder vorbereitet? Freilich zeigt sich hier vor allem auch die Beziehung zum Supervisor: z.B. das Bedürfnis, den eigenen Fall ‚schön' oder ‚ordentlich' oder ‚gepanzert' dem Supervisor zu präsentieren oder ihn am liebsten nie zu Ende zu erzählen aus Angst vor dem (befürchteten) Kommentar des Supervisors.

– **Gesprächsstil**: z.B. das Nachschieben von Details („Ja, dazu müssen Sie noch wissen, daß ...") auf Deutungsangebote des Supervisors hin, als sollten diese Deutungsangebote als Informationsmangel umdefi-

niert und damit entschärft, entwertet werden; zugleich werden vom Supervisanden damit dauernd die Konturen seines Falls verwischt, der Fall changiert fortwährend (Tintenfisch-Manöver?). Auch hier also zeigen sich Muster der Beziehungsgestaltung gegenüber dem Supervisor.
3. Die sich entwickelnde **Beziehung zwischen Supervisand und Supervisor** und die (Gegen-) Übertragungen des Supervisors: Mithilfe der eigenen Gegenübertragungen die Probleme des Supervisanden zu verstehen gilt als ‚Hohe Schule' einer (analytisch orientierten) Supervision. Ich rechne mit drei Möglichkeiten für den Supervisor, mit seinen (Gegen-) Übertragungen umzugehen: Erstens: Ein geschulter Supervisor kann manchmal schon in der Szene selber seine Gegenübertragungen entdecken und in seinen Deutungen benutzen, zumindest kann er sich in seinen Verstehensversuchen ‚ungefähr' an seinen affektiven Zuständen orientieren, die ihm die Wirkung von (Gegen-) Übertragungen anzeigen. Zweitens: Einige der in der Szene selber unbewußt bleibenden (Gegen-) Übertragungen kann sich der Supervisor zumindest im Nachherein – durch Selbstreflexion oder durch Lehrsupervision/Balintgruppe – bewußt machen und damit zum Verstehen der Probleme des Supervisanden nutzen. Drittens: Ein Teil der Übertragungen des Supervisor wird ihm aber vermutlich weder in der Szene noch im Nachherein bewußt werden (= ‚Dunkelziffer'), sondern eher sein Verstehen erschweren, zugunsten eines heimlichen Zusammenspiels mit seinem Supervisanden.– Mir leuchtet also zwar die Forderung ein, der Supervisor solle seinen eigenen Übertragungs- und Gegenübertragungsaktivitäten auf die Spur kommen und sie als Diagnoseinstrument umfunktionieren (= aus der interaktionellen Not eine diagnostische Tugend machen), aber ich rechne damit, daß dies nie eine volle und durchgängige Bewußtheit aufseiten des Supervisors bedeuten kann; eher entwickelt er dabei einen intellektuellen Selbstkontroll-Anspruch, der seinerseits neurotische Züge annimmt.

Dort-Jetzt-Quellen:

– die Fallerzählung bzw. Situationsbeschreibungen (mit ihren nachträglichen Erweiterungen);

- Vorannahmen hinsichtlich des beruflichen Feldes, aus dem der Supervisand einen Fall darstellt: Solche Vorannahmen sind in ihrer Wirkung zwiespältig einzuschätzen – sie ermöglichen eine beschleunigte, aber oft ungenaue Einschätzung der Fallproblematik; sie vereinnahmen den singulären Fall in generalisiertes Vorwissen aus anderen Fällen.
- Analogien aus früheren Einzelfällen: Weniger heikel sind Analogiebildungen zu früheren Einzelfällen.
- (Therapie-) schulenbedingte Vorannahmen hinsichtlich der Persönlichkeit des Supervisanden und seiner Beziehungsprobleme.

Dort-Damals-Quellen:

- Standard-Materialien, z.B. Träume, Kindheitserinnerungen, Informationen über Familien- (und dabei insbesondere auch die Geschwister-) Konstellation. Welcher Supervisor wann welche dieser direkt biografischen Daten einbezieht, hängt stark auch von seinen therapeutischen Orientierungen ab.

Wenn man diese (und weitere) Verstehensquellen des Supervisors durchsieht unter der Frage, wieweit es auch für Alltagsgespräche/Alltagsverstehen typische Quellen sind, so fällt auf, daß der Supervisor sein Verstehen häufig nicht (nur) an dem entwickelt, was ihm der Supervisand zu verstehen ‚gibt‘, sondern er ‚nimmt‘ sich gewissermaßen sein Verstehen. Für den Supervisanden hat dies in manchen – vor allem anfänglichen – Phasen des Supervisionsprozesses zur Folge, daß er versucht aufzupassen, was er dem Supervisor von sich ‚preisgibt‘.

Je weiter bzw. länger sich der Supervisor in seinem Verstehen vom Verstehensstand des Supervisanden entfernt, desto dringlicher wird die Aufgabe, sein Verstehen mit dem Supervisanden zu ‚teilen‘, auch um seinerseits einen Hinweis über die Angemessenheit seiner Annahmen zu erhalten:

Selbstverstehen provozieren

Den Selbstverstehensprozeß im Supervisanden anzuregen, ist also eine der zentralen Aufgaben des Supervisors. In Supervisionsaufzeichnungen finden sich eine Vielzahl von ‚Interventionen', mit denen Supervisoren das Selbstverstehen ihrer Supervisanden in Gang zu setzen oder zu beschleunigen versuchen; einige von ihnen sollen kurz angeführt werden (auch hier finden sich einzelne Interventionen, die in alltäglichen Verständigungsprozessen nicht oder nur unter besonderen Bedingungen verwendet werden ‚dürfen'):
- unter **Differenzierungszwang** setzen, z.B. um detaillierende **Situationsschilderung** ersuchen („Können sie es an einem Beispiel deutlicher machen?"),
- an früher Erzähltes, **Vergessenes** erinnern, um auf ein typisches Muster hinzuweisen),
- auf (scheinbar) **Widersprüchliches** hinweisen („Nach ihrer Erzählung hatte ich eher erwartet, daß sie X tun"),
- zu beruflichen Beziehungen **Analogien** aus der **Familieninteraktion** geben („Sie wünschen sich eigentlich einen Bruder, und er verhält sich wie ein Onkel"),
- **affektverstärkende Reformulierung** (Supervisand: *„Da war ich ein bißchen ärgerlich"* – Supervisor: *„Sie waren also stinksauer?"*),
- **perspektivenändernde Reformulierung** (Supervisand: *„Die reagieren ähnlich wie meine Eltern"* – Supervisor: *„Also, wenn sie die sehen, da kommen ihnen ihre Eltern hoch?"*),
- **Reformulieren mit Beseitigung der Selbstentwertung** (Supervisand: *„Also, ich habe das Gefühl im Moment, daß mein Schulleiter mich – eh, das hab ich früher nicht so gehabt – daß er mich für einen kompetenten Menschen so im Bereich Technik und Kunst hält"* – Supervisor: *„Und dort hält er sie für besonders kompetent* (Supervisand: *„ja")* und wendet sich an sie* (Supervisand: *„ja"),* ansonsten wird er sie wahrscheinlich* (Supervisand: *„ja") für normal kompetent halten* Supervisand: *„ja"). Das ist was anderes, als wenn sie sagen ‚dort scheint er mich für kompetent zu halten', das hieße ‚sonst nich'"* – Supervisand: *„Doch, sonst* (lachend), *sonst auch",*
- auf **Auffälligkeiten im Sprach**gebrauch hinweisen (z.B. entwertenden Pronominalgebrauch in „**Die** können noch nich mal malen!"; oder semantische Verschiebungen: (Supervisor: *„Mögen sie die Schüler dieser 10a?"* – Supervisand: *„Na, die kenn ich schon lange, ja"* – Supervi-

sor: *„Ich fragte, mögen sie se* (Supervisand: *„ja -"*), *sie sagten, sie kennen se. Mögen sie se?"* – Supervisand: (Pause, heftiges Atmen) *„Is en Unterschied zwischen mögen und **gernhaben**?"* – Supervisor: *„Sie wollen offensichtlich einen machen?"* – Supervisand: *„Ja, ich muß einen machen"* – Supervisor: *„Also was -"* – Supervisand: *„Gut, ich mag sie"* – Supervisor: *„**Ich** nötige ihnen die Liebe nicht ab!" –* ...),
- Formulierungen **wörtlich** nehmen (Supervisand: *„Ich sitze an der Stirnseite"* – Supervisor: *„Sie bieten dem Kollegium die Stirn?"*),
- mit **eigenen Assoziationen** konfrontieren,
- konfrontieren mit **körper**sprachlichen Vorgängen (eine Referendarin berichtet – mit strahlendem Lächeln –, wie ihr Seminarleiter sie beschimpft),
- **provokative Handlungsvorschläge** machen (gegenüber einem Lehrer – der sich ängstlich aus Verantwortlichkeiten, die halt immer auch Konflikt bedeuten können, heraushält –, als er von der vakant gewordenen Schulleiterstelle erzählt: *„Bewerben sie sich?"*),
- **Prognosen** zukünftigen Handelns aufgrund bisher deutlich gewordener Muster (Supervisor: *„Und sie werden sicher das Gebiet Ausländerpädagogik wählen"* – Supervisand: *„Ja, woher wissen sie das?"*).

Solche Verstehensanregungen können dabei für den Supervisanden direkt erkennbar sein (z.b. alle ‚Provokationen'), oder sie können unauffällig geschehen: die Paraphrasetechniken der Gesprächspsychotherapie z.B. arbeiten mit solchen Reformulierungen dessen, was der Klient gesagt hat, aber mit spezifischen Aspektsetzungen/Focusverschiebungen – z.B. Perspektivenwechsel, Affektverdeutlichung usw. –, die den Selbstexplorationsprozeß des Klienten fördern sollen.

Handlungsschemata „Beratung"

Supervisanden – solange sie wenig Vorerfahrung mit professioneller Beratung haben – versuchen auf der Grundlage ihres alltäglichen Wissens von ‚Gesprächsschemata' (von deren Schemakomponenten und Ablaufmustern und ihren interaktiven wie institutionellen Bedingtheiten), die neue Gesprächssituation ‚Supervision' zu bewältigen. Supervisionsgespräche weichen aber – zumal bei tiefenpsychologischer Orientierung – in wesentlichen Aspekten von Alltagsgesprächen ab.
Freilich hat der Supervisand aus alltagsweltlichen Verständigungserfah-

rungen wie aus semiprofessionellen Kontexten (Berufsberatung, Kaufberatung usw.) immer schon gewisse Vorerfahrungen mit ‚Beratung', und der Gesprächstyp Supervision hat kein gänzlich anderes Handlungsschema:
Auch unter Freunden gibt man einander schon mal Rat; und viele gesellschaftliche Einrichtungen bieten „Beratung" an; beides sind die Folien für das Verhalten eines Supervisanden, wenn er zum ersten Mal Supervision nimmt.
Unter einem Aspekt sollen diese gestaffelten Gesprächstypen kommentiert werden, dem der **Problemdefinition**:
- **Unter Freunden** geht es in beratenden Gesprächsphasen (die also nie **ganze** Gespräche ausmachen) in der Regel nicht um eine gemeinsame Problemdefinition, sondern es wird die Problemdefinition des Ratsuchenden glatt akzeptiert; es werden ev. Haftungszuschreibungen vorgenommen (entweder zugunsten des Freunds – „Der X ist aber auch ein blöder Typ!" – oder zuungunsten des Freunds – „Warum hast Du denn aber auch x gemacht!"); dann geht es um Lösungsvorschläge („Probier doch mal x"/„Ich mach in solchen Fällen immer x").
- Bei **institutionseingebundenen** Beratungsgesprächen (Kaufberatung, Berufsberatung usw.) wird ebenfalls die grundsätzliche Fähigkeit des Ratsuchenden, sein Problem zu kennen, akzeptiert; lediglich wird eine Passung dieses Problems vorgenommen, und es wird vom Ratgeber reformuliert in einer Form, die es für die betreffende Institution lösbarer macht.
- In **Supervisionsbeziehungen** dagegen ist die schrittweise Herausarbeitung des eigentlichen Problems, das der Supervisand eben noch nicht selbständig herausfinden kann, die Hauptarbeit; die Entwicklung von Lösungsmöglichkeiten kann er auf dieser Grundlage weitgehend (und soll es auch) selber leisten; sein Problem ‚entpuppt' sich also erst aus seinen Problemannahmen (und das Bild des Ent-Puppens verweist auf Geduld und Reifung als Dimensionen einer solchen Beratung). Daher ist für Supervisionsprozesse die Verlangsamung der Verstehens-/Diagnoseprozesse typisch, die Supervisions-‚Neulingen' oft zunächst als falsche Aufteilung der zur Verfügung stehenden Zeit auf die Phasen des Problemverstehens und der Lösungsfindung erscheint.

Die Untersuchung der verschiedenen gesellschaftlichen Schemata des Beratens ist also auch für die Selbstvergewisserung der Profession Supervision eine wichtige wissenschaftliche Forderung.

Eine vermutlich wichtige Orientierung bieten auch die Vorerfahrungen mit Heil-Beziehungen und der Rolle des Verstehens in ihnen: Supervisanden verfügen über Erfahrungen mit dem medizinischen Modell: In ihm geht es um die möglichst schnelle Beseitigung einer Handlungsstörung; hier scheint das Verstehen bloß das Instrument für eine anschließend zu verordnende Kur zu sein. Verstehen ist hier strenggenommen nur eine Aufgabe für den Supervisor als ‚Heiler'. (Im **analytischen** Gegen-Modell soll der Supervisand sein – ihm befremdliches – Verhalten im Kontext von Situation und Institution verstehen lernen, um wieder mehr Wahlmöglichkeiten zu gewinnen; hier ist also Verstehen bereits der Beginn der ‚Kur' selber. Verstehen ist hier vorrangig die Aufgabe des Supervisanden, und der Supervisor soll diesen Selbstaufklärungsprozeß vorübergehend steuern und intensivieren.)

Supervisanden – bevor sie sich eingelebt haben in die Spiel-Regeln des Geschäfts Supervision – definieren den Stellenwert des Verstehens innerhalb des Beratungsprozesses zunächst nach ihren Vorerfahrungen mit ‚Heil-Beziehungen', d.h. in der Regel nach dem medizinischen Modell eines Nacheinanders von Ursachenverstehen und Kur; dahinter liegen oft noch biografisch ältere Erfahrungen mit empathischem Verstehen unter Vertrauten/Freunden, wo Verstehen der Solidarisierung und zugleich einer unspezifischen Ermutigung dient.

Auch Supervisoren verfügen über solche gesellschaftlichen Handlungsschemata wie das des medizinischen Modells, freilich sind diese überlagert und teilweise außer Geltung gesetzt durch ihre Ausbildung und ihre weitere Professionalisierung als Supervisoren. Wie stark gegenüber dem gesellschaftlich etablierten medizinischen Modell wie auch gegenüber der Supervisorensozialisierung das Verstehens- und Heilungskonzepts des eigenen Erstberufs spielt (z.B. Pfarrer oder Rechtsanwalt oder Manager im Industriebereich), ist empirisch noch nicht erforscht; ein starker Einfluß kann aber vermutet werden.

Richtungen gesprächsanalytischer Reflexion

Die Reflexion über die Besonderheiten des Gesprächstyps ‚Supervision' sowie die eigenen Verstehens- und Verständigungs-Muster innerhalb dieses Gesprächstyps wird wichtig, wenn man bedenkt, daß dieser Gesprächstyp erhebliche Störungen der sich entwickelnden Arbeitsbeziehung zwischen Supervisand und Supervisor zur Folge haben kann, die nicht vorschnell als Vermeidung oder Widerstand aufseiten des Supervisanden verstanden werden dürfen, sondern (teilweise) als verständliche Irritationen des Supervisanden aufgrund der Befremdlichkeit des Gesprächstyps ‚Supervision'. Und auch unter dem Ziel, die Supervisionsgespräche für den Supervisanden zu einem Lernmodell – zu einem Training in Reflexion und Kooperation – zu machen, handelt der Supervisor mit seinem spezifischen Setting dem Supervisanden erschwerende Besonderheiten ein.

Gesprächsanalytisch besonders interessant sind daher zum einen die ersten Supervisionssitzungen mit supervisorisch unerfahrenen Supervisanden, die sich erst gewöhnen müssen an die Regelungen des neuen Gesprächstyps; hier hat der Ausgangskontrakt und vor allem ein schrittweises ‚Nach-Kontraktieren' eine wichtige verdeutlichende Funktion. Solche Kontrakte ‚schützen' zugleich den (unerfahrenen) Supervisor vor Empörungen seiner Supervisanden über die Eigentümlichkeiten des Supervisionsverlaufs.

Besonders interessant sind weiterhin die Übergangszonen zwischen dem Gesprächstyp ‚Supervision' und vertrauten informellen Gesprächselementen vor und nach der Supervisionssitzung. Für Supervisoren z.B. scheint eine Schwierigkeit im Übergang vom **informellen** Anfang (Begrüßung usw.) zum **formellen** Teil zu liegen, zumal wenn sie – aus anderen Zusammenhängen oder im Verlauf der sich entwickelnden Supervisionsbeziehung selber – eine freundschaftliche Nähe zum Supervisanden empfinden: Sie dehnen diesen informellen Anfang aus, ‚demonstrieren' Partnerschaftlichkeit (‚Lockerheit'), als müßten sie den Supervisanden durch small talk für die anschließende ‚strengere' Gesprächsform Supervision entschädigen. Ähnlich begründet ist möglicherweise das Bedürfnis, am Ende der Sitzung eine längere informelle Schlußphase zu legen, in der gewissermaßen die ‚normalen' freundschaftlichen Beziehungsformen wieder installiert werden sollen, bevor man auseinandergeht. Aufseiten der Supervisanden können solche informellen Phasen wiederum den Wunsch wachhalten, es möge doch das Supervisionsgespräch insgesamt den ‚intimen' Status des informellen Anfangs/Endes haben. Alltägliche und professionelle Gesprächsphasen scheinen also über ihre Grenzen hinweg auf die Nachbarsettings ‚abzustrahlen'.

Interessant sind schließlich die ‚ganz normalen' Gesprächsaktivitäten **innerhalb** des Gesprächstyps Supervision: Hörerrückmeldungen des Supervisors („hm", Kopfnicken usw.), informationssichernde Rückfragen usw. Die Verunsicherung eines Supervisanden kann (vorübergehend) soweit gehen, daß er den Supervisor auch bei einem „hm" der Strategie verdächtigt („Was denkt der sich denn wirklich bei seinem "hm"?"), und auf dessen informationssichernde Rückfragen reagiert er vielleicht mit der (innerlichen oder geäußerten) Frage: „Was steckt denn hinter Ihrer Frage?"

Vom Nutzen gesprächsanalytischer Reflexionen

Mit der Frage nach Zielen und Verfahren der (Selbst-) Reflexion ihrer eigenen supervisorischen Praxis können Supervisoren zugleich die heikle Frage nach dem Umgang mit ihren unvermeidbaren Verstehensunsicherheiten angehen:
Unter zwei zentralen Gesichtspunkten kommen hierzu nur Verfahren einer „kommunikativen Validierung" nahe: Zum einen ist sie die gesellschaftlichen Subjekten grundsätzlich angemessene Form der gemeinsamen Vergewisserung über Geltung von Annahmen; zum andern ist die Fruchtbarkeit der Annahmen des Supervisors ohnehin gebunden an die (freiwillige) Übernahme dieser Annahmen als Anregungen durch den Supervisanden:
Letztlich kann ich also als Supervisor meine Deutungen nur ratifizieren durch die ‚zwanglose Zustimmung' des Supervisanden. „Zwanglos" kann dabei aber nicht nur heißen, daß der Supervisand ohne sichtbaren Zwang entsprechende verbale Feedbacks gibt („Ja, das stimmt" oder „jetzt ist mir klar, warum ich immer so unsicher bin" o.ä.); denn diese Zustimmungen können auch die eines ‚braven Schülers' sein, für den momentan die Einigkeit mit der Autorität des Supervisors wichtiger ist als die Verselbständigung und der Zuwachs eigener Kräfte; in diesem Fall wäre die Zustimmung gewissermaßen nur eine subtile Form des Widerstands des Supervisanden.
Was aber sonst sind die Bedingungen für eine solche Zwanglosigkeit? Wiewelt hängt die Möglichkeit und die Art der Zustimmung ab von dem jeweiligen Zustand der Arbeitsbeziehung? Wiewelt von der Problematik des jeweiligen Supervisanden, wiewelt vielleicht auch von der ‚Anerkennungsgier' des Supervisors?
Und woran – wenn nicht unmittelbar an verbale Zustimmungen – halte ich mich denn dann als Supervisor: Suche ich nach körpersprachlichen

oder Verhaltens-Indikatoren für die Richtigkeit bzw. Wirksamkeit meiner Deutungen? Es gibt weitere, andere Formen der Verstehenssicherung und Verstehensüberprüfung (auch ihnen ist gemeinsam, daß sie nicht zur endgültigen Entscheidung der ‚richtigen' Deutung führen, sondern verschiedene Möglichkeiten der Elaborierung bzw. Erweiterung von Verstehens-Versionen bedeuten):

– „**monadische**' Möglichkeiten: Der Supervisor reflektiert nach als heikel erlebten Sitzungen anhand von Tonbandaufzeichnungen bzw. in regelmäßigen Abständen anhand von Tonband-Transkripten seinen Interaktionsstil.

– ‚**dyadische**' Möglichkeiten: Supervisor und Supervisand überprüfen **gemeinsam** – etappenweise oder nach Abschluß einer zunächst kontraktierten ersten Laufzeit ihren Supervisionsprozeß anhand von Erinnerungen, von Notizen oder anhand von Tonbandauszügen oder Tonband-Transkripten.

– ‚**triadische**' Möglichkeiten: Der Supervisor nutzt die Kooperation mit **Dritten** (mit oder ohne direkte Präsenz des Supervisanden) und deren Versionen seiner Supervisionsprobleme; hier gibt es verschiedene Varianten: eingespielte – kollegiale Supervision, Balintgruppe – und noch wenig erprobte – darunter auch die Auswertung von Supervisionsaufzeichnungen mit gesprächsanalytisch geschulten Dritten.

Mit diesem Plädoyer für die Arbeit mit Tonbandaufzeichnungen bzw. -transkripten plädiere ich zugleich für eine stärker **empirische** Vergewisserung supervisorischen Handelns, die sich auch der Analyseinstrumente benachbarter Disziplinen bedient.

Die Betonung der Wichtigkeit von Supervisionsaufzeichnungen – sei es in Video, sei es in der reduzierten, aber dafür leichter herstellbaren und handhabbaren Tonbandversion – enthält auch eine Kritik bisheriger Praxis der Selbstvergewisserung von Supervisoren in Ausbildung und Fortbildung: Zu häufig findet die Verständigung zwischen Supervisoren über Supervision auf der Ebene von (proklamierten) Zielsetzungen und Prinzipien statt, zu selten als (Selbst-) Reflexion tatsächlichen supervisorischen Handelns; wo solche (Selbst-) Reflexion stattfindet, geht sie immer von (mündlichen) Fallerzählungen aus; diese (Selbst-) Reflexion ist zwar als Standardinstrument sowohl in primären Supervisionen wie auch in den sekundären Lehr-/Kontrollsupervisionen und Balintgruppen ein mächtiges Erkenntnisinstrument, die Ausgrenzung anderer Formen und anderer Instrumente der Reflexion/Analyse in Supervisorenausbildung und -fortbildung scheint mir aber eine bedenkliche ‚einseitige

Kost' zu sein, zumal angesichts der beanspruchten Professionalität von Ausbildung und beruflicher Praxis.
Die sprach- und kommunikationswissenschaftlichen Instrumente der Gesprächsanalyse (auch unter Termini wie „Konversationsanalyse" oder „Dialoganalyse" bekannt) könnten ein solches zusätzliches Reflexionsinstrument bieten.
Sinnvolle Ziele einer solchen gesprächsanalytisch orientierten Reflexion von Supervisionsverläufen sind – gegliedert nach fünf von mir unterstellten Verwendungszusammenhängen – z.B. die folgenden:
1. für die am **Supervisionsprozeß** Beteiligten:
– für den Supervisor: Was tue ich und wer bin ich in **diesem** Prozeß?
– für den Supervisor: Welche Kooperationsprobleme zeigt mir der Supervisand durch die Art seiner Beteiligung an der Steuerung des Interaktionsprozesses?
– für Supervisor und Supervisand: gelegentlich Phasen des Prozesses gemeinsam auswerten
– für den Supervisanden: Phasen ‚nacharbeiten'?
2. für die **Ausbildung** von Supervisoren:
– einander ‚veröffentlichen', was man als (lernender) Supervisor tut
– Sensibilisierung für mögliche/wahrscheinliche/übliche kritische Phasen im Supervisionsprozeß
– Welche supervisorische ‚Gangart' habe ich?
– Welche Gangarten haben die andern? Welche gibt es überhaupt im Konzept der Supervision?
– den spezifischen Gesprächstyp ‚Supervision' kennenlernen mit seinen – für ‚unerfahrene' Supervisanden – heiklen Implikationen.
3. für die **Fortbildung** von Supervisoren:
– Selbstkonfrontation mit den eigenen konkreten Interaktions- (und darunter auch: Interventions-) Mustern, als Erweiterung der klassischen Fortbildungsform der Balintgruppe.
4. für die **Selbstvergewisserung** im Berufsstand:
– konkretes wechselseitiges Vorzeigen der verschiedenen Supervisorenpraktiken.
– schulenneutrale (und damit bewertungsreduzierende) Basis für die Verständigung über Supervisionskonzepte
– Klärung der Gemeinsamkeiten und Grenzen zwischen Supervision und anderen – darunter vor allem auch therapeutischen – Beratungskonzepten.
5. für eine **Supervisionsforschung**:
– Professionalisierung der unter Supervisoren üblichen Reflexionsfor-

men, die im wesentlichen auf Erinnerungsleistungen und Erzähl-/Beschreibungspraktiken beruhen.

Literaturhinweise:

Bandler, R./Grinder, J.: Metasprache und Psychotherapie. Die Struktur der Magie I, Paderborn 1985
Bergmann, J. R.: Ethnomethodologische Konversationsanalyse, **in:** Schröder, P./Steger, H. (Hg.): Dialogforschung. Jahrbuch 1980 des Instituts für deutsche Sprache, Düsseldorf 1981, 9-51
Boettcher, W./Bremerich-Vos, A. (Hg.): ‚Kollegiale Beratung' in Schule, Schulaufsicht und Referendarausbildung, Frankfurt/M. 1987
Boettcher, W./Bremerich-Vos, A.: Pädagogische Beratung. Zur Unterrichtsnachbesprechung in der 2. Phase der Lehrerausbildung, **in:** Kallmeyer, W. (Hg.): Kommunikationstypologie. Jahrbuch des Instituts für deutsche Sprache 1985, Düsseldorf 1986, 245-279
Flader, D. et al. (Hg.): Psychoanalyse als Gespräch. Interaktionsanalytische Untersuchungen über Therapie und Supervision, Frankfurt/M. 1982
Grice, H. P.: Logik und Konversation, **in:** Meggle, G. Hg.): Handlung, Kommunikation, Bedeutung, Frankfurt/M. 1979, 243-265
Heimann, R. A./Heimann, H. M.: Nichtverbale Kommunikation und Psychotherapeutenausbildung, **in:** Scherer, K. R./Wallbott, H. G. (Hg.): Nonverbale Kommunikation, Weinheim/Basel 1979, 294-307
Kallmeyer, W./Schütze, F.: Konversationsanalyse, **in:** Studium Linguistik 1 (1976), 1-28
Nothdurft, W.: „äh folgendes Problem äh..." – Die interaktive Ausarbeitung ‚des Problems' in Beratungsgesprächen, Tübingen 1984
Techtmeier, B.: Das Gespräch – Funktionen, Normen und Strukturen, Berlin (Ost) 1984
Wahmhoff, S.: Die Funktion der Paraphrase in gesprächspsychotherapeutischen Beratungen, **in:** Deutsche Sprache 9. Jg., 1981, 97-118
Wellendorf, F.: Verstehen in der Supervision, **in:** Supervision 1 (1982), 47-58

Anmerkungen

1   Im folgenden verwende ich einfachheitshalber das Masculinum als grammatisches Standard-Geschlecht, soweit nicht bestimmte einzelne Supervisionsprozesse angesprochen werden.

2   Vgl. hierzu den Beitrag von BREMERICH-VOS, A. in diesem Buch.

3 Ich verweise – ohne hier eine nähere Auseinandersetzung leisten zu können – auf die grundlegenden Überlegungen von H. P. GRICE – z.B. in GRICE 1979 – und die einschlägigen Arbeiten z.B. in FLADER et al. 1982.

Gerhard Leuschner
Johannes Schaaf

Angewandte Gruppendynamik in der Teamsupervision und Organisationsberatung – ein Arbeitsgruppenbericht

Mit nachfolgendem Text haben wir zu der Arbeitsgruppe bei den Aachener Supervisionstagen 1987 eingeladen:
Gruppendynamik im Laboratorium gibt es heute nur noch zu Ausbildungs- und Forschungszwecken. Angewandte Gruppendynamik geschieht im „Feld".
Supervision betrachtet den Menschen und seine Arbeit. Der arbeitende Mensch ist psychologisch, gruppendynamisch-institutionell und gesellschaftlich, also auch ökonomisch und politisch zu begreifen.
Auf der Suche nach Arbeitsfeldern ist es naheliegend, daß Gruppendynamiker sich entscheiden, Supervision zu erlernen und Supervisoren werden. Dies beschreibt die Herkunft der beiden Leiter dieser Arbeitsgruppe.
Die Aufgabe der Arbeitsgruppe wird es sein herauszufinden, welche spezifischen Beiträge angewandte Gruppendynamik in Teamsupervision und Organisationsberatung in sozialen und klinischen Institutionen leistet.
Dabei finden wir folgende Fragestellungen interessant:
– wie versteht und handhabt ein Gruppendynamiker als Supervisor seine Rolle in bezug auf Person (Supervisand), Gruppe (Team) und Organisation?
– wie entwickelt sich, wie entstehen Gruppendiagnosen, Arbeitsziele und Interventionsstrategien? Welche sozialen, historischen, politischen Hintergründe werden dabei gesehen und berücksichtigt?
– sind Gruppendynamik und Supervision Methoden bzw. Arbeitsverfahren, die distanziert-wertabstinent angewandt werden wie Psychotherapie?
Oder läßt die gesellschaftliche Nähe von Team- oder Organisationsberatung solche Abstinenz nicht zu?

Diagnostizieren und Steuern von Gruppenprozessen ist methodisches Rüstzeug angewandter Gruppendynamik in der Supervision.
Wir sprechen für diese Arbeitsgruppe insbesondere Supervisoren an, die mit Gruppen und in Organisationen arbeiten. Wir unterstellen dabei das Interesse dieser Kollegen, sich mit der Arbeitsweise von Gruppendynamikern als Supervisoren vertraut machen zu wollen, um auf dieser Basis diskutieren und sich auseinandersetzen zu können.
Wir stellen Praxisbeispiele für die Gespräche zu Verfügung. Gerne arbeiten wir auch an Praxisszenen der Teilnehmer, um daran unsere Arbeitsweise zu verdeutlichen.

I. Einführung

Um den nachfolgenden Verlaufsbericht der Arbeitsgruppe verstehen zu können, bedarf es zuvor zumindest einiger kurzskizzierter Bemerkungen zur Position der Leiter zu der Frage, was angewandte Gruppendynamik in der Team- und Organisationsberatung anzielt und wie sich von daher Funktionalität oder Disfunktionalität des Interventionsverhaltens verstehen und bewerten lassen.
Wenn Vorstand oder Leitung eines Wirtschaftsbetriebes Team- oder Organisationsberatung anfordern, dann tun sie dies letztlich immer, um ihr Ziel der Bilanzverbesserung und Gewinnmaximierung zu fördern. Dieses Ziel gibt vor, daß letztlich alles funktional ist, was der Produktoptimierung dient; disfunktional ist, was ihr schadet.
Klinische und soziale Organisationen sind in aller Regel Dienstleistungsbetriebe, deren Wirtschaftlichkeit sich nach dem Bedarfsdeckungsprinzip bestimmt. Bei allen Sparsamkeitsgeboten gelten hier andere Ziel- und damit Funktionalitätsgesetze als in einem Wirtschaftsunternehmen und dennoch wird auch hier immer wieder Funktionalisierung und Ergebnisoptimierung im klassisch-betriebswirtschaftlichen Sinne propagiert („wenn das ein Wirtschaftsbetrieb wäre, dann wären wir längst pleite!"). Das betriebswirtschaftliche Denken übergreift also seine Zuständigkeitsbereiche und entwickelt gesamtgesellschaftliche Wertmaßstäbe.
Wenn die Ziele sozialer, klinischer und pädagogischer Arbeit dahin gehen, letztendlich dem gegebenen Wirtschaftssystem funktionstüchtige, leistungsfähige, erfolghungrige Menschen zu liefern, dann wäre es al-

lerdings Aufgabe von Teams und Organisationen, auf möglichst kurzem Wege gesetzte Ziele zu erreichen. Konkret heißt das: Der Wert eines erfolgreichen Strafvollzuges wird an der Rückfallquote gemessen oder: Der Wert eines Arbeitslosenprojektes bemißt sich an der Zahl der Arbeitsvermittlungen.
Dieses eindimensionale Finaldenken wird nicht nur gegenwärtig von den Regierenden stark propagiert sondern entspricht natürlich auch unserer tradierten ergebnisfixierten Bildungskultur. In diesem Denken ist das eindimensionale Ziel der Wertmaßstab; der Prozeß zum Ziel hin wird als Weg oder Methode in den Dienst des Zieles gestellt, also untergeordnet. Wenn man dagegen Prozeß und Ziel in der therapeutischen oder pädagogischen Arbeit als untrennbare Aspekte des Ganzen begreift, lebt das Ziel im Prozeß und der Prozeß ist der ständige Versuch von Zielverwirklichung.

Für uns umfaßt die Arbeit in Teams und Organisationen die ständige Reflexion von Interesse, Zielen und Bedürfnissen aller beteiligten Individuen, Gruppen und Institutionen. Und in diesem Spannungsfeld sind Interessen, Ziele und Bedürfnisse notwendigerweise konflikthaft. Es ist somit nicht erfreulich sondern verdächtig, wenn in einer Schule Eltern, Lehrer, Schüler und Schulbehörde keine Bedürfnis- oder Zielunterschiede formulieren und ihre Harmonie und damit spannungsfreie Kooperation loben. Der soziale Konflikt drückt die Unterschiedlichkeit von Individuen und Gruppen aus und ist realer Bestandteil zwischenmenschlicher Kommunikation und prinzipiell unaufhebbar. Wir wünschen keine Harmonie durch Aufhebung dieser Grundmaxime. Unser Ziel ist die Kultivierung der Konfliktbearbeitung. Konflikte bearbeiten wir durch Analyse, Diagnose und Gegenüberstellung der begründeten Positionen, d.h. durch Verhandlung.
Gewalt, Ausschluß, Unterdrückung gehören nicht zum Repertoire angewandter Gruppendynamik; aber es ist selbstverständlich, daß in der Entwicklung einer Verhandlungskultur Phänomene wie Gewalt, Ausschluß und Unterdrückung in Teams und Organisationen raumgreifen. Die Aufgabe der Team- und Organisationsberater besteht darin, diese Phänomene zu analysieren und kompromißlos zu konfrontieren, ob sie sich nun auf Leiter-, Klienten- oder Mitarbeiterseite manifestieren.
Die Akzeptanz von Bedürfnis-, Interessens- und Zielkonflikten als Realitätsgebot ist die Grundlage individueller Freiheit in der Gruppe und Organisationen. Das schließt nicht aus sondern vielmehr ein, daß solche Konflikte Spannungen erzeugen, Unlust und Schmerz bereiten und einer

ständigen Anstrengung zur punktuellen oder temporären Klärung und damit Entspannung hin bedürfen.
So sind auch Institutionsziele und Mitarbeiterinteressen dialektische Spannungspole, die prinzipiell unaufhebbar bleiben und dem ständigen Aushandlungsprozeß unterliegen. Grenzen des Verhandlungsprinzips ergeben sich aus den Kompetenzgrenzen der beteiligten Teilsysteme in der Organisation und bedürfen der expliziten Deklarierung und fachlich-sachlichen Begründung.
Diese Einstellung und Sichtweise macht Team- und Organisationsberatung grundsätzlich untauglich für die einseitige Durchsetzung von Unternehmens- bzw. Institutionszielen und deren Wahrheiten wie auch für die einseitige Bedürfnis- und Interessensvertretung von Mitarbeitern.
Team- und Organisationsberatung bewegt sich im Spannungsfeld von Zielen, Interessen und Bedürfnissen von Leitern – Mitarbeitern – Klientel – Trägern (Organisationen) – Gesellschaft. Team- und Organisationsberatung bewegt sich im Rahmen von gesetzten oder zu findenden Kompetenzgrenzen, die allerdings weder sakrosankt sind noch durch jedes Gefühl „veränderbar" werden.
Es sind Grenzen, d.h. Gesetze, die es immer wieder zu hinterfragen – und gleichzeitig vor willkürlicher Schwächung zu schützen gilt.
Die Dynamik in – und zwischen – Personen und Systemen umfaßt Gruppendynamik. Das jeweilige Erkennen dieser Dynamik und deren Steuerung entsprechend der skizzierten Verhandlungskultur, das ist angewandte Gruppendynamik in der Teamsupervision und Organisationsberatung.

II. Zum Verlauf der Gruppe

16 Teilnehmer hatten sich für diese Arbeitsgruppe angemeldet, alle hatten am Vorabend das Einführungsreferat von Gerhard Leuschner (GL) gehört und an der anschließenden Podiumsdiskussion teilgenommen. GL war also als einzige Person in der Gruppe allen bekannt. Für die Eröffnung der gemeinsamen Arbeit schien es uns wichtig, einen strukturierten Rahmen vorzugeben, in dem sich ohne allzuviel Zeitaufwand alle Personen vorstellen und bekanntmachen konnten. Also eröffnete Johannes Schaaf (JS) die erste Sitzung mit der Aufforderung, alle mögen aufstehen und sich im Raum – dessen Grundfläche jetzt als Landkarte

der Bundesrepublik zu verstehen sei – so aufstellen, daß die von ihnen eingenommene Position den Ort markiert, aus dem sie kommen. Jeder könne dann von seiner Arbeit dort erzählen und mitteilen, warum er zu den Aachener Supervisionstagen und speziell in diese Gruppe gekommen sei.

JS beginnt und stellt sich als Gruppendynamiktrainer mit erwachsenenbildnerischer Vergangenheit vor, der von seinem nordhessischen Wohnort aus als freiberuflicher Trainer und Supervisor bundesweit arbeitet. Er sagt jedoch nichts über die Art seiner Beziehung zu GL. Die Teilnehmer greifen das Verfahren auf, schildern – zunehmend ausführlich – ihren beruflichen Werdegang, ihre Supervisionserfahrung und ihre derzeitige berufliche Position: ca. 2/3 der Teilnehmer sind ausgebildete Supervisoren; die meisten von ihnen haben direkte Ausbildungskontakte zu GL gehabt.
Zwei Supervisorinnen sind in Ermangelung einer festen Anstellung gerade dabei, eine freiberufliche Existenz aufzubauen. Die restlichen Teilnehmer interessieren sich entweder für Supervision als künftige Berufsperspektive oder wollen sich in dieser Arbeitsgruppe einen persönlichen Eindruck von Teamsupervision verschaffen, als Voraussetzung für ihre Entscheidung, im eigenen Arbeitsfeld Supervision zu nehmen bzw. zuzulassen. GL schließt die Vorstellungsrunde ab und beschreibt seine lokale Verwurzelung in Münster; er schweigt sich über seine persönliche Institutionsgeschichte in Sachen Supervision und Gruppendynamik ebenso aus wie über seine Beziehung zu JS.

Durch diese Eröffnung wird deutlich, daß nicht nur die beiden Leiter eine Beziehungsgeschichte und geschichtliche berufliche Verknüpfungen haben, sondern daß sich zwischen Teilnehmern und Leitern, insbesondere auf GL, auf unterschiedliche Art ein Netz von Verknüpfungen zeigt. Die Bedeutung dieser beruflichen Vorerfahrungen mit entsprechenden Wertungen, Abhängigkeiten, Wünschen und Ängsten wird aber in der Gruppe jeweils nur angedeutet, in bezug auf die Bedeutung für die kommende Zusammenarbeit jedoch nicht besprochen. Alle Teilnehmer und die Leiter sind darauf ausgerichtet, in die nahe Zukunft zu schauen, d.h. entsprechend ihrer thematischen Absicht inhaltlich und methodisch die kommenden Sitzungen zu planen und zu gestalten.
Tatsächlich gibt es im Prozeß sowohl die geschichtliche Realität der Beziehungen und der beruflichen Verbindung wie auch den Wunsch, inhaltlich entsprechend der Themen fachlich Interessantes zu bearbeiten. Die Bedeutung der geschichtlichen Determinationen für die inhaltliche Arbeit wird unterschätzt; die Orientierung ist auf die Zukunft ausgerichtet, und es gibt unausgesprochen den Konsens, man werde die Geschichte oder die Geschichten zu Gunsten der Thematik schon zügeln können.

Dies scheint uns eine typische Anfangssituation für Arbeitsgruppen zu sein, die die Komplexität von Inhalt und Prozeß in Anbetracht einer sehr begrenzten Arbeitszeit zu Gunsten der inhaltlichen Absichten strukturieren und die Folgen der Beziehungsgeschichte(n) in dieser Phase unterschätzen. Eine parallele Problematik erkennen wir, wenn z.B. in psychiatrischen Einrichtungen neue Abteilungen geschaffen werden und sich neue Teams bilden. Hier ist das Bewußtsein des Neubeginns und das Bedürfnis, etwas zu entwickeln auf ein nahes oder fernes Ziel hin ähnlich stark, so daß auch hier die geschichtlichen Vorgegebenheiten, die Gefühle, Phantasien, Einstellungen und damit Verhaltensweisen prägen, aus dem Bewußtsein gedrängt werden.

Nach dieser Vorstellungsrunde fragt JS, welche Wünsche die Personen jetzt aneinander haben, was angeregt worden ist, was erweitert und vertieft werden soll.
Tina hätte vielleicht Lust, sich mit Wilma über ihre Erfahrungen auszutauschen bei dem Versuch, sich aus der Arbeitslosigkeit heraus nach Abschluß der Supervisorenausbildung selbständig zu machen. Auch Wilma ist daran interessiert, sie hat aber Zweifel, ob dies in dieser Gruppe möglich ist. Jens hat an verschiedene Personen unterschiedliche Fragen, die er gern außerhalb der Gruppe in der Pause abklären möchte. Er wünscht sich für die anstehende Gruppenarbeit eine klare Strukturvorgabe seitens der Leiter, die ihm die Lösung seiner verschiedenartigen Probleme sichern soll. JS konstatiert daraufhin, daß der Gruppe offensichtlich die von den Leitern soeben gegebene Struktur, nämlich sich über Interessen, Bedürfnisse und Ziele auszutauschen und daraus eine Planung zu entwickeln, nicht genehm – oder nicht genug sei.

Die Teilnehmer formulieren ihre jeweiligen Lernbedürfnisse und Interessen in Form von Statements und delegieren die Verwaltung der Bedürfnisse an die Leiter. Die Teilnehmer versuchen also in keiner Weise abzuklären, ob sich Bedürfnis- oder Interessenkoalitionen entwickeln lassen, die eine Zeitverteilung nach Inhalten und Interessen ermöglicht. Immer wird nach dem jeweiligen Statement geschwiegen, und es besteht der geheime Konsens im Sinne der Delegation der Entscheidungsverantwortung an die Leiter.

Teils mit Blickrichtung auf die Leiter, teils mit Blickrichtung auf die Gruppe, kreisen die weiteren Beiträge um die Frage, wie denn wohl hier gearbeitet werden soll. Viktorias Lust, in dieser für sie unerfreulichen Situation einfach ein Spiel zu machen „wie im Psychodrama-Seminar" wird weitergeführt von Wilma, die vorschlägt, mit einem Fallbeispiel aus ihrer Supervisionspraxis im Rollenspiel die Probleme sichtbar zu machen, die sie selbst in einer Gruppensupervision erlebt hat. Dafür möchte sie hier eine Lösung finden. Einige Gruppenteilnehmer scheinen sich für diesen Vorschlag zu erwärmen, sei es auch nur, damit endlich etwas geschieht. Gisela widerspricht diesem Vorschlag mit der Meinung, die Gruppe würde zum gegenwärtigen Zeitpunkt mit dem Rollenspiel lediglich ihre offensichtliche Organisationsunfähigkeit hinsichtlich der gemeinsamen Arbeit umschiffen. Ihr sei mehr daran gelegen, den Bedürfnis-, Interessen- und Zielaustausch fortzusetzen und an diesem Entscheidungsprozeß zu lernen. Das leuchtet vielen in der Gruppe ein. GL unterstreicht, daß man mit beiden Vorgehensweisen am Thema der Arbeitsgruppe sinnvoll arbeiten könne, daß jedoch die Gruppe als Ganzes nicht darum herumkomme, sich für den einen oder anderen Weg zu entscheiden.

Genau damit ist die gegenwärtige Problemlage der Gruppe gekennzeichnet:
1. Wer ist hier für Entscheidungen zuständig?
2. Welche Bedeutung haben dabei wechselseitige Erwartungen und woran machen sich diese fest?
3. Welchen Stellenwert haben Erwartungen, Zuschreibungen, Selbstinszenierungen für die Position in der Gruppe?
4. Was kann, soll, muß an dem gegenwärtigen Zustand verändert werden, um eine Gruppenstruktur im Sinne von Arbeitsfähigkeit aller miteinander zu entwickeln?
5. Was soll hier eigentlich gearbeitet werden?
6. Was kann „Arbeit" unter den gegebenen Bedingungen von Raum, Zeit und Personen (also für zwei aufeinanderfolgende Tage insgesamt 6 Sitzungen über 10 Stunden Zeit) eigentlich heißen?
7. Was heißt überhaupt Gruppe, ist diese Ansammlung von Menschen in diesem Raum unter diesen Bedingungen eine Gruppe?
8. Ist dies hier vielleicht ein Team? Wird diese Gruppe durch die Klarheit – oder gerade die Unklarheit – der Aufgabenstellung zum Team?
9. Soll die Gruppe ihre Organisation selbst entwickeln, um zur Gruppe oder zum Team zu werden?
10. Was ist angewandte Gruppendynamik in diesem Zusammenhang? Ist es das Hilfs- und Zaubermittel, mit dem die gegenwärtigen Probleme gelöst werden können oder sind gerade die gegenwärtigen Probleme eine Kostprobe von Gruppendynamik?

Man versucht, sich über das Abtasten und ansatzweise Klären der Begriffe aus dem Ausschreibungstext aufeinander zuzubewegen und eine Entscheidung über Arbeitsinhalte herbeizuführen. Der nur mühsam verhüllte erregte Kampf „jeder gegen jeden" spitzt sich besonders auf Gustav zu, der jetzt deutlich seine Ambivalenz thematisiert: Er sei neugierig, zu verfolgen, was in der Gruppe passiert, und gerade deshalb habe er sich bisher zurückgehalten. Andererseits fühle er sich natürlich stark genug mitzumischen: aber dann laufe er Gefahr, die Übersicht zu verlieren. Nach dieser Äußerung mokiert sich Lisa über die Versammlung von Möchtegernprofis, die sich hier derart schwer tun. Sie hingegen als Nichtprofi hielte es für ihr gutes Recht, sich bisher nicht beteiligt zu haben. Roland, der auch bis dahin geschwiegen hatte, diagnostiziert, daß hier wohl unfreiwillig jeder die eigene Kompetenz unter Beweis stelle oder Lügen strafe durch die Art und Weise wie er sich hier einmische und beteilige. Er habe sich als Beobachter dieses schwierigen Prozesses nicht unwohl gefühlt.

Die Leiter versuchen, die momentane Situation in dieser Gruppe nach zwei Arbeitssitzungen, als Abbildung des Berufsalltages zu verstehen: es gehe um das Selbstverständnis jeder einzelnen Person in der Supervision; wie sie sich erfährt im Spannungszustand von tatsächlicher innerlich verankerter Kompetenz und deren situativer Labilität infolge von über- oder unterfordernden Erwartungen und Zuschreibungen durch sich selbst und andere. Die Auswirkungen dessen auf den einzelnen und deren Rückwirkungen auf die Gruppe und den Gruppenprozeß, das sei erlebte Gruppendynamik; diese Prozesse zu verstehen und handhaben zu können, das sei angewandte Gruppendynamik in der Teamsupervision und Organisationsentwicklung.

Die beiden Leiter haben ihre eigene Rolle so definiert, sich selbst nicht zu entscheiden, ob an einem Fallbeispiel oder an der aktuellen Prozeßdynamik der Gruppe gearbeitet werden soll. Sie haben damit die Bedingung gesetzt, daß die Gruppe diese Entscheidung selbst trifft. Damit sind alle Teilnehmer genötigt, ihre eigene Rolle in dieser Gruppe zu suchen, zu entscheiden und zu verhandeln. Wer sich als Beobachter oder Zuhörer definiert, nimmt an dem notwendigen Entscheidungsprozeß abwartend teil, hält sich in der Dynamik der Gruppe bedeckt und kann in der klassischen Supervisorenrolle prozeßbeobachtende und -intervenierende Kommentare geben. Wer sich in die Beziehungsdynamik und Entscheidungsdynamik der Gruppe begibt, beginnt den schwierigen Prozeß der Bedürfnis- Interessens- und Zielaushandlung, was sowohl inhaltlich wie auch beziehungsbedingte Konfliktdynamik notwendigerweise bewirkt. Die meisten Teilnehmer nehmen aus Gewohnheit und Selbstschutz die erstgenannten Rollen ein. Damit wird unausgesprochen angedeutet, daß die Rollendefinition der beiden Leiter so nicht akzeptabel ist. Die beiden Leiter sollen gezwungen werden, die Entscheidung über Inhalt und Prozeß für die Gruppe zu treffen. Durch die Intervention von GL wurde im Prozeß verdeutlicht, es könne durchaus eine Gruppenentscheidung geben, die den beiden Leitern die Entscheidungsverantwortung übergibt. Damit wollten die Leiter ihre Rollenflexibilität bekunden und die Möglichkeit für ein leiterzentriertes oder ein gruppenzentriertes Setting auf der Grundlage einer Gruppenentscheidung offenhalten. Der Gruppe ist es aber nicht möglich, dies als Angebot für die Entscheidungsfindung zu verstehen und zu handhaben. Das von einem Großteil der Teilnehmer verinnerlichte mitgebrachte Modell heißt: Alle Teilnehmer äußern ihre Bedürfnisse, Ziele und Interessen. Die Leiter haben dafür zu sorgen, daß diese Bedürfnisse, Ziele und Interessen im Arbeitsprozeß optimal Platz finden. Wenn dies generell oder punktuell nicht gelingt, äußert der betroffene Teilnehmer auf die ihm genehme Weise Kritik oder Unlust und begründet damit die Legitimation, sich aus dem Arbeitsprozeß zu verabschieden bzw. fortan diesen aus einer Oppositonsrolle zu begleiten. Diese Einstellung beinhaltet die Anmeldung von Bedürfnissen, Interessen und Zielen, verzichtet aber auf die Verhandlung, d.h. den Diskurs und die konflikthafte Auseinandersetzung um die Verwirklichung von Bedürfnissen, Interessen und Zielen. Dieser Verzicht erspart den interaktionellen Konflikt ohne die Erwartung zu reduzieren, optimale Berücksichtigung der eigenen Bedürfnisse, Interessen und Ziele zu erhalten.

Dies verinnerlichte Muster zur Konfliktdynamik in Gruppen ist in der Mitarbeiterschaft sozialer und klinischer Institutionen weit verbreitet und somit ein zentrales Kontrakt- und Arbeitsbündnisproblem in der Team- und Organisationsberatung.

Die Sitzung am Nachmittag ist von Einzelauseinandersetzungen gekennzeichnet. Olga erklärt sich einverstanden mit dem von Gisela vorgeschlagenen Weg, die Gruppensituation zu untersuchen. Sie erwartet jedoch als Gegenleistung, Gisela möge diesen Vorschlag in der Gruppe durchsetzen. Gisela will keine Vorreiterfunktion und meint, das sei die Aufgabe der Gruppe. Olga reagiert auf die Bemerkung von JS betreten, daß sie von anderen etwas erwarte, was sie selbst zu tun momentan nicht in der Lage sei. Jens formuliert erneut seinen alten Anspruch, die Gruppenleiter sollten hier für eine Struktur sorgen. die der Gruppe derartige Schwerfälligkeiten erspart. JS konfrontiert ihn: Im Moment sei lediglich er schwerfällig mit dieser Forderung, er würde nämlich den gerade in Gang befindlichen Prozeß bremsen, in dem die Gruppe sich über den Anteil der einzelnen an der Arbeitsfähigkeit der Gesamtheit auseinandersetzt. Daraufhin greift Werner JS an: Es sei sehr billig, Jens so platt auf die Momentsituation festzulegen. Überhaupt falle ihm auf, daß JS ein ahistorisches Interventionsverständnis habe. Außerdem sei sein Tonfall bissig und emotional, ob er vielleicht deshalb keine differenzierten Interventionen bringe. JS wird rot und antwortet scharf: Werner ziehe es seinerseits wohl vor, unter dem Mantel von cooler Sachlichkeit seine Angriffe zu verstecken. GL greift in diesem Konflikt ein und folgert aus Werners bisherigem Verhalten und seinem momentanen Angriff auf die Leiterkompetenz die Befürchtung: Vermutlich würde Werner bis zum Ende der Gruppe an seinem Beobachterstatus festhalten, weil er auf diese Weise auf jeden Fall Profit erringe.

Die Befürchtungen des Leiters in bezug auf Werners Verhalten ist nur vor folgendem Hintergrund zu verstehen: Werner ist Leiter einer Institution, die zur Zeit überlegt, ob ein Teamsupervisor eingeladen werden soll, der die Probleme in der Institution mit dem Team bearbeitet. Er ist zu der Veranstaltung gekommen, um zu beobachten, ob angewandte Gruppendynamik brauchbar für die Teamsupervision für seine Institution sei.
Dieser Beobachtungsauftrag bedingt natürlich eine Beobachterrolle, die Werner bereits vor unserer Veranstaltung für sich festgelegt hat. Dies hat zur Folge, daß er dementsprechend auch die Leiterrolle vorher festgelegt haben muß. Daraus folgert er die Wertung, wenn sich die Leiter reziprok zu der eigenen Rollendefinition als Strukturierer von Inhalt und Prozeß verhalten, dann sind sie gute Leiter. Wenn sie das nicht tun, beweisen sie damit ihre eigene Unfähigkeit. In dem Zusammenhang ist Werner nicht gewillt, zu reflektieren, da seine mitgebrachte Rollenfestlegung die Diskussion und die Entscheidung über ein anderes Rollengeflecht verunmöglicht und damit die gesamte Szene vordefiniert.
Gleichzeitig wird in dieser Sequenz deutlich, wie sehr sich der „Kampf" um das Setting „zugespitzt" hat. In Anbetracht der begrenzten Zeit, die diese Arbeitsgruppe im Rahmen der Supervisionstage hat, verdichtet sich der Druck auf die Leiter. Jens mobilisiert bei den Leitern die bange Frage: Wird es in dieser kurzen Zeit gelingen, das mitgebrachte verinnerlichte Modell (die Verwirklichung von Bedürfnissen, Interessen und Zielen an Leiter, sprich Autoritäten, zu delegieren und sich damit den gruppendynamischen Diskurs zu ersparen) zugunsten einer Verhandlungsdynamik verändern zu lassen oder nicht? Und hier stellt sich ein Interventionsproblem: Ist diese Frage zu diesem Zeitpunkt in einer solchen Gruppe über aufdeckende, erklärende Intervention zu bearbeiten? Oder geschieht die Klärung dieser Frage durch affektive kämpferische Auseinandersetzung? Unsere Erfahrung lehrt: Bei eng begrenzter Zeit und hohem kollektiven Widerstand haben aufdeckende deutende Interventionen in einer großen Gruppe keine Chance. Sie bieten Einsichten und haben somit aufklärerische Wirkung für Minderheiten. Die aggressiven Widerstandskräfte des Kollektivs werden davon nicht tangiert und wischen die aufdeckende Wahrheit vom Tisch. Es reicht also für den Gruppendynamiker als Supervisor und Organisationsberater nicht aus, die verdeckte Erkenntnis aufzudecken, sondern er muß darüber hinaus mit seiner emotionalen Kraft und seiner rationalen begründeten Argumentation für sein Modell kämpfen, das von seinem Wertehintergrund her (sie-

he Einführung zu diesem Bericht) Grundlage und Ziel seiner Arbeit ist.

Die Gruppe reagiert betreten: Die Frage nach der persönlichen Motivation der Teilnehmer hier in der Gruppe und bezüglich ihres aktuellen Engagements am Prozeß ist auf dem Tisch. Das Klima ist hoch gespannt. Die Teilnehmer fühlen, daß ihre Gesprächsbeiträge der Anspruch sind, an dem sie selbst gemessen werden. Das wird besonders an den Beiträgen deutlich, die als theoretische Betrachtung oder Situationsklärung gemeint sind, aber interaktionell die Funktion haben, Souveränität und supervisorische Kompetenz zu demonstrieren, in deren Schutz die jeweilige Person sich meint verstecken zu müssen oder zu können. Demgegenüber versuchen andere, sich konkret mit ihren Interessen zu äußern und sich darüber mit anderen auseinanderzusetzen. Die Sitzung geht zu Ende, ohne daß eine befriedigende Arbeitsbasis entwickelt ist: eine abrupte Erfahrung des Faktors „Zeit". Die Frage um den Kontrakt und das Arbeitsbündnis ist nicht geklärt.

Am Ende des ersten Tages sind die Teilnehmer und die Leiter der Gruppe so bewegt, daß mit dem Ende der Sitzung die Diskussion und das affektive Sichauseinandersetzen mit den ablaufenden Prozessen nicht enden. Hierin unterscheiden sich zu diesem Zeitpunkt diese Teilnehmer und Leiter von denen anderer Arbeitsgruppen, in denen nicht in gleicher Weise prozeßorientiert gearbeitet wird, was natürlich eine andere Affektdynamik bewirkt. In einem Gespräch der beiden Gruppenleiter mit ihren Kollegen aus den anderen Arbeitsgruppen spiegelt sich der Konflikt folgendermaßen: Die beiden Gruppenleiter finden die Planung der Tagung mit dem freien Abend für die aktuelle Dynamik der eigenen Gruppe nicht mehr günstig, sondern halten für die eigene Gruppe eine zusätzliche Sitzung für die Weiterbearbeitung der angerührten und aufgebrochenen Rollen-, Settings- und Kontraktprobleme für dringend geboten. Für die anderen Gruppenleiter steht eine Veränderung der Arbeitszeiten überhaupt nicht an. Sie haben ihre Arbeitsweise entsprechend dem vorgegebenen Zeitplan strukturiert. Die prozeßorientierten Veränderungswünsche von JS und GL empfinden sie als Bestimmungs- und Übergriffsversuch, und es gelingt nur allmählich, die Unterschiedlichkeiten verstehbar und damit tolerierbar zu machen. Am Ende dieser Auseinandersetzung zwischen den Leitern steht die Einsicht, daß eine Veränderung der Zeitstruktur des Gesamtsystems nicht machbar ist. Die Rahmenbedingungen bilden die Grenze, aber es ist daran gerüttelt worden, es wurde gerungen, argumentiert und gekämpft. Der situative Konsens begründet sich durch die gemeinsame Gesamtdiagnose für das System. Dies weiter auszuführen, würde den Rahmen des Berichts sprengen. Als Anregung für analoge Situationen zwischen Teilsystemen (Teams) und Gesamtsystem (Organisation) ist diese Schilderung gedacht.

Am nächsten Morgen kommen GL und JS vor Beginn der ersten Sitzung überein, zum frühestmöglichen Zeitpunkt der Gruppe eine Gruppendiagnose vorzuschlagen, als Mittel, den bisher gelaufenen Prozeß zu untersuchen, die Probleme zu fokussieren und für den Rest der Zeit dadurch arbeitsfähiger zu sein in bezug auf die Themen, die sich aus der Gruppendiagnose ergeben.
Gisela eröffnet die erste Sitzung unvermittelt mit dem Wunsch einer Beziehungsklärung zu Olga: Ihr sei inzwischen klar geworden, daß sie mit Olga um die Anerkennung des „Vaters" rivalisiere. Ähnlich wie in ihrer Kindheit, sei sie beherrscht von der Angst, es könne Olga gelingen, ihr den Rang abzulaufen, dadurch, daß Olga ihr Aufgaben zuweise und sich dadurch als die Überlegene darstelle. Mit diesem Trick könne Olga das Risiko unterlaufen, sich möglicherweise genauso zu blamieren wie alle anderen auch. Olga antwortet mit einer ausführlichen Diagnose ihrer eigenen Situation und Position in dieser Gruppe und beschreibt ihren Druck, als Mitarbeiterin eines der Leiter als kompetente Supervisorin erscheinen zu müssen. Zunächst reagiert die Gruppe auf Olgas Antwort unwillig, sie sei auf die Beziehungsklärung mit Gisela nicht eingegangen. Aber Gisela sieht sich durch Olgas Antwort bestätigt und erkennt sich selbst wie in einem Spiegel wieder. Ein nachdenkliches Schweigen setzt ein: aus Zuschauern sind Betroffene geworden. Gisela sieht bei sich selbst die Vermischung der Orientierungs- und Profilierungsbedürfnisse als Hauptbelastung in ihren Versuchen, sich in der Gruppe zu äußern und damit Anerkennung und Gefolgschaft zu finden.
Jetzt schlägt GL vor, mit Hilfe einer Prozeßanalyse herauszuarbeiten, was die einzelnen bisher daran gehindert hat, ihre „Aufgabe" in dieser Gruppe zu erkennen und zu formulieren. Das könne an drei Aspekten festgemacht werden: An den Beziehungen zu den anderen Teilnehmern in der Gruppe; an dem Setting und an den bisher erfolgten Leiterinterventionen. Eine solche Prozeßanalyse zum gegenwärtigen Zeitpunkt eröffne die Chance, die noch verbleibende Arbeitszeit an diesem Tag bewußter zu nutzen.
Dieser Vorschlag leuchtet ein. Nach einer Phase von Einzelarbeit fordert GL die Teilnehmer auf, sich in kleinen Gruppen mit den Teilnehmern zum Austausch zusammenzusetzen, mit denen sie momentan eine unkomplizierte Verständigung für möglich halten. Daraufhin treffen einige Teilnehmer klare Wahlen in wechselseitigem Einverständnis. Andere hängen sich beliebig dran und werden darin nicht abgewiesen. Es gibt unterschiedlich große Gruppen von zwei bis fünf Personen.

Nach der Einzelarbeit wird in der Kleingruppen-Bildung deutlich, daß es inzwischen einige Teilnehmer gibt, die ihre Bedürfnisse, Interessen und Ziele für sich soweit verdeutlicht haben, daß sie daraus aktive Rollen gefunden haben. Sie wissen genau, was sie als Problem der Gruppe sehen und mit welchen Möglichkeiten und Grenzen für die Weiterarbeit noch

zu rechnen ist. Diese Teilnehmer wählen sehr gezielt ihre Kollegen für die Diskussion in der Kleingruppe. Andere Teilnehmer sind nach wie vor in der eigenen Rollen- und Interessensfindung verschwommen; für sie ist es beliebig, mit wem sie in der Kleingruppe zusammenarbeiten. – Dementsprechend vollzieht sich die Kleingruppen-Bildung.
Vom Ergebnis her teilt sich die Teilnehmerschaft in etwa zwei gleich große Gruppierungen im erstgenannten bzw. zweitgenannten Sinne. Klar ist, daß sich entsprechend diesem Selbstdefinitions- und Gruppenbildungsprozeß die Arbeitsergebnisse entwickeln. Dies macht wieder den Zusammenhang zwischen Prozeß und Inhalt deutlich und die Bedingtheit dieses Zusammenhanges.

Der Austausch in den Kleingruppen zeigt folgende Ergebnisse der Prozeßanalyse:
a) Die Beziehungen untereinander seien belastet gewesen dadurch, daß ein Teil der Gruppe primär Beobachterinteressen verfolgte, ohne dies offen zu deklarieren. Zusätzlich komplizierend sei, daß in der Beobachterfraktion unterschiedliche Beobachtungsabsichten verfolgt wurden (potentielle Supervisorenausbildungs-Interessenten, potentielle Supervisions-Kunden, Interessenten an Gruppendynamik, an Teamsupervision usw.)
b) Im Setting seien beide Möglichkeiten (sowohl zu beobachten, als auch aktiv zu gestalten) enthalten gewesen.
c) Die Leiterinterventionen hätten – mit unterschiedlicher Färbung bei GL und JS – klar gestellt, daß das Procedere eine Verhandlungsaufgabe aller Teilnehmer untereinander, sowie der Gruppe mit den Leitern sei. Dies habe für die Teilnehmer mit Beobachterinteresse eher wie eine provozierende Verweigerung von Leitung gewirkt, für die Teilnehmer mit Gestaltungsinteresse eher wie eine Aufforderung, die eigenen Anstrengungen zu verstärken. Einzelne haben die Leiterinterventionen als Hinweise auf ihre eigene Unfähigkeit oder die Ineffizienz ihrer Anstrengungen erlebt.
Diese Analyse ermöglicht den Zugang zu einem reflektierenden Gespräch, das Gruppenklima entspannt sich. Die Bereitschaft wächst, über Wünsche für eine aktivere Form der Zusammenarbeit zu beraten. GL schlägt vor, in der Sitzordnung die unterschiedliche Anteilnahme und die unterschiedlichen Rollen am weiteren Arbeitsprozeß zu verdeutlichen: Wer sich als Beobachter des Prozesses deklariert, möge im Außenkreis sitzen; die Teilnehmer mit aktivem Gestaltungsinteresse mögen in den Innenkreis zu einer Diskussion gehen Daraufhin finden sich etwa die Hälfte der Teilnehmer mit GL im Innenkreis zusammen; die anderen bleiben im Außenkreis. Im Innenkreis einigt man sich sehr schnell darauf, markante Situationen aus dem Prozeßverlauf des vergangenen Tages zu untersuchen unter der Fragestellung, welche Bedeutung spezielle Leiterinterventionen für den Prozeßverlauf hatten und welche Modifikationen einzelne Teilnehmer vornehmen müßten, um in ihrer eigenen Supervisionspraxis ähnliche Wirkungen zu erzielen. Die

Zeit bis zur Mittagspause reicht jedoch nicht mehr, um die Auswahl der Situation zu treffen. Der Innenkreis beschließt, dies vor Beginn der Nachmittagssitzung beim Kaffee zu tun.

Vor Beginn der Nachmittagssitzung sitzt die gesamte Gruppe beisammen und berät unter der Führung von Werner über die Auswahl der Schlüsselszenen. Zu Beginn der Nachmittagssitzung geht einzig Viktoria auf den Beobachterstatus, alle anderen Teilnehmer sitzen im Innenkreis und beteiligen sich an der Gestaltung der Arbeit. Zunächst soll die Anfangsphase untersucht werden, speziell in der Szenenfolge, in der die Gruppe sich hätte entscheiden müssen zwischen Wilmas und Giselas unterschiedlichen Arbeitsvorschlägen.

Die Strukturintervention „Innenkreis/Außenkreis" bewirkte für die Teilnehmer des Innenkreises die Sicherheit, mit Kollegen gleichen Interesses und gleicher Rollendefinition nunmehr an der weiteren Ausgestaltung der Arbeit zu arbeiten und diese zu entscheiden. Dies hatte prozeßbeschleunigende Wirkung. Schnell verständigt man sich auf die Untersuchung von drei Leiterinterventionen. Durch den Erfolg der Innenkreisgruppe stieg die Motivation. Das bewirkt die Bereitschaft, zusätzliche Arbeitszeit (in der Mittagspause) zu investieren, um die Nachmittagssitzung für die Durchführung der Entscheidung, d.h. für den Inhalt frei zu haben. Durch die Innenkreis-Außenkreis-Intervention wurde deutlich, daß es erlaubt ist, Beobachter oder aktiv interessensuchender Teilnehmer zu sein. Es wurde aber deutlich, daß jede Rolle unterschiedliche Einflußmöglichkeiten bedingt: durch die Sitzordnung, sprich die äußere Struktur, ist evident, wer mit wem über was redet. Damit wurde die Abtast-Situation und Such-Situation (wer ist wer mit welchem Interesse, mit welchem Verhalten und mit welcher Selbstdefinition), die am Vortag in der Gruppe bestimmend war, beendet.

Es wurde herausgearbeitet, daß sich eine Gruppe erst dann für das Arbeitsvorhaben eines Teilnehmers entscheiden kann, also Wilmas oder Giselas, wenn die Interessen **aller** Teilnehmer offengelegt sind und die einzelnen einigermaßen absehen können, welche Wirkungen ihre Entscheidung auf andere Personen vermutlich haben wird und welche Rückwirkungen auf sie selbst als Folge davon erwartbar sind. Das bedeutet, man muß an dem arbeiten, was das Ausdrücken der Interessen jedes Einzelnen jeweils hemmt oder fördert. Die Leiter wollten mit ihren Interventionen der Gruppe bewußt machen, was zur Entscheidung anstand. Sie wollten aber nicht die Entscheidung fällen: Diese Aufgabe der Gruppe abzunehmen hätte bedeutet, daß die Gruppe abhängig bleibt und zu jedem späteren Zeitpunkt vor genau dem gleichen Entscheidungsproblem gestanden hätte. Besonders GL's Interventionen hatten deutlich gemacht, daß die Teilnehmer ihren Klärungsprozeß miteinander nur temporär ausgesetzt hätten für den Zeitraum, in dem das von Wilma vorgeschlagene Rollenspiel stattgefunden hätte. Die Funktion eines Rollenspieles zu diesem Zeitpunkt des Gruppenverlaufs, in dem die Gruppenrollen noch vollkommen unklar sind, bestünde darin, daß eben diese Unklarheit per Wahl von durch die Spielsituation vorgegebenen Rollen für den Zeitraum des Spiels aufgehoben wird. Die interaktionell sich gestaltende – und deshalb konflikthafte – Wahl von Rollen kann durch die Wahl von Spielrollen per Identifikationsentscheidung gelöst werden. So entlastend dieses Verfahren in den Anfangsschwierigkeiten eines Gruppenprozesses für die einzelnen sein mag, so schwierig kann es in der Phase der Gestaltung eines Diskurses um Bedürfnisse, Interessen und Ziele für alle Beteiligten werden. Wenn man das Rollenspiel nämlich nicht aus dem Prozeß ausklammert, sondern als Teil des Prozesses betrachtet, ergeben sich folgende Fragen: Wer hat aus welchen Gründen welche Rolle gewählt oder nicht gewählt? Deckt sich die Rollenwahl mit der realen Rolle in der Gruppe oder ist sie konträr? Verdeutlicht der einzelne mit seiner Rollenwahl etwas oder was vermeidet er damit?

Weiter wird herausgearbeitet: Mehrere Teilnehmer hatten es nicht mehr gewagt, sich zu ihrem eigentlichen Wunsch, mittels Rollenspiel die Arbeit anzugehen, zu bekennen, weil JS dieses Procedere als „Krücke" bewertet hatte. Sie fühlten sich durch diesen Begriff als „behindert" abgestempelt und verspürten darin eine Verstärkung des auf ihnen lastenden Drucks, kompetent und tüchtig erscheinen zu müssen. Da JS den Vorschlag von Gisela als „Untersuchungs-Interesse" beschrieben hatte, unterstellten sie, daß in den Augen der Autoritäten Untersuchung etwas Gutes und Rollenspiel als Krücke etwas Schlechtes sei. Richtig erkannt hatten sie natürlich, daß dies durchaus der Leiterwertung entsprach. Wer sich innerlich besonders abhängig fühlte von der positiven Wertschätzung durch die Leiter, hätte sich nur um den Preis eines Gesichtsverlustes zu dem Spielwunsch bekennen können – und schwieg folglich und totalisierte damit die Selbstblockierung von Eigenständigkeit gegenüber den Autoritäten. Jetzt erst recht fühlte man sich genau in jenem Zustand des Behindertseins, aus dem man mit Hilfe des Rollenspiels nur allzu gern herausgefunden hätte. In eine ähnliche Zwickmühle gestellt sahen sich durch das Begriffspaar „Krücke" und „Untersuchung" die Teilnehmer mit primärem Beobachtungsinteresse: Beide Vorgehensweisen hätten zu einer „Enttarnung" ihres Beobachterwunsches geführt, den offen einzunehmen sie sich nicht gestatten konnten, weil bzw. so lange „beobachten" als Ausdruck fachlicher Inkompetenz aufgefaßt zu werden schien. Lediglich Werner hatte sich mit deutlichem Ärger von Giselas Untersuchungsinteresse abgegrenzt, freilich ohne damit offen für seine Neutralposition als Beobachter einzutreten.

Hier schloß sich eine längere Auseinandersetzung darüber an, wie weit die heimlich eingenommene Beobachterrolle zu unsymmetrischen Beziehungsmustern in der Gruppe geführt habe, so daß sich die Handlungswilligen von den Handlungsunwilligen lähmen ließen und sich Zug um Zug selbst depotenzierten mit ihrer Angst, zu versagen. Dies war deshalb eine folgenreiche Befürchtung, weil die Supervisorenszene derzeit so eng geknüpft ist, daß man zu Recht annehmen kann, derartiges Versagen werde sich blitzschnell herumsprechen: auf einem Supervisoren-Workshop unter Beweis gestellte fachliche Inkompetenz kommt einem professionellen Vernichtungsurteil gleich.

Das Thema fachliche Kompetenz wird in der letzten Einheit von Werner thematisiert, der auf die an ihn gerichtete Intervention von GL zurückgreift. GL hatte Werner gegenüber die Befürchtung geäußert, Werner werde voraussichtlich seinen Beobachterstatus beibehalten, weil er dadurch auf jeden Fall Profit ziehe. Werner kritisiert, er habe sich durch diese Intervention aufgrund ihrer double-bind-Struktur festgelegt gefühlt. Werner will jetzt von GL wissen, ob er derartige Interventionen auch in einer realen Teamsupervision bringen würde. Die Gruppe rechnet daraufhin Werner vor, daß es durchaus mehrere Reaktionsmöglichkeiten gegeben hätte als die beiden, die Werner gesehen hätte. Dies allerdings nur dann, wenn Werner sich tatsächlich auf eine Auseinandersetzung mit GL eingelassen hätte. Werner hätte zum Beispiel über die Bewertung des Beobachterstatus und über die generelle Berechtigung einer solchen Intervention debattieren können. Genau genommen hätte die gerade laufende Auseinandersetzung zwischen Werner, GL und der Gruppe bereits gestern als Folge von GL's Intervention in Gang kommen können, wenn Werner dies gewollt hätte. Etwas versonnen wird diese Möglichkeit kommentiert: Welche Auswirkungen das wohl auf den Gruppenprozeß gehabt hätte...

Für Werner bleibt es offenbar ebenso schwer denkbar, zu Gunsten einer solchen Auseinandersetzung im Prozeß seine Beobachterrolle zu verlassen, wie die Vorstellung, daß ein Leiter über aufdeckende und deutende Gruppeninterventionen hinaus sich affektiv in einen diskursiven Auseinandersetzungsprozeß begeben könne. Für Werner bedeutet dies die Überschreitung eines Rollenverbotes; er muß es als Kunstfehler des Leiters werten. Dies wird nur andeutungsweise sichtbar, da Werner mit solchen direkten Äußerungen seinen Beobachterstatus auch jetzt noch allzu sehr gefährden würde. Schließlich gelingt es JS, mit Werner in einen Beziehungsklärungs-Prozeß zu kommen, der die Fremdheit und distanzierte Vorsicht aufgrund der unterschiedlichen Herkunft verdeutlicht. Die Hintergründe von gegenseitig verletzenden Äußerungen werden beleuchtet; dadurch entwickeln sich Verstehens-Prozesse und Mißverständnisse reduzieren sich. Es endet in der Phantasie: „Auf welche Weise hätten wir wohl als 14-jährige unsere Konkurrenzkämpfe ausgetragen?"

Genau in dem Moment, da zwischen den beiden Männern die ihrer heftigen Auseinandersetzung innewohnende mögliche Nähe sichtbar wird, schaltet sich Wilma wie eine Bittstellerin ein: Sie möchte auch noch gern drankommen mit der dritten zuvor ausgesuchten Szene, in der es um eine Intervention GL's ihr gegenüber ging. GL konfrontiert sie: es drehe sich genau um diese ihre Art, mit der sie sich momentan versuche ins Spiel einzubringen – also als Bittstellerin in Bezug auf eine Angelegenheit, die zu fordern ihr gutes Recht wäre. Sie tue dies allerdings zu einem Zeitpunkt, an dem die Aufmerksamkeit und emotionale Orientierung der Gruppe durch andere Geschehnisse gefesselt ist (Beziehungsklärung Werner – JS). Dadurch erfahre sie jene Mißerfolge in Gruppen, die ihr schon allzu bekannt seien und vor denen sie sich fürchte.

Diskutiert wird jetzt die Frage, wie man überhaupt lernen kann, wenn man sich dauernd unter den Zwang stellt, die erfolgte Professionalität darzustellen. Wilma wollte dieses Dilemma dadurch lösen, daß sie sich im Gewand der Bittstellerin „klein" machte, sie bezahlte das mit der Abhängigkeit von der „Gunst" der anderen. GL kennt Wilma aus anderen Zusammenhängen als eine Frau, die durchaus für ihre Forderungen eintreten kann, oder sich mit anderen Meinungen auseinandersetzt. Hier wird deutlich, daß Wilma hier in der Gruppe in der Teilnehmerrolle gleichsam die Fähigkeit vergißt, die ihr sonst z.b. in der Supervisorenrolle zur Verfügung stehen. Mit diesen Fähigkeiten sich hier in der Teilnehmerrolle zu zeigen, käme der Bereitschaft gleich, sich auf die reale Konkurrenz mit den anderen Personen inclusive den Leitern einzulassen. Dies beinhaltet das Risiko, daß auch die Unterschiede zwischen den Personen, d.h. auch Kompetenzen und Ressourcen verdeutlicht werden.

Wilma war zu Beginn dieser Klärung sehr bewegt. Es war deutlich, wie sie darunter litt, immer wieder in ihr altes Muster zu verfallen, sich „klein" zu machen. Gegen Ende war sie ruhig und gelöst. Viele andere Teilnehmer hatten ihre eigenen Probleme zwischen einer großen Rolle (Supervisor) und einer kleinen Rolle (Teilnehmer) in ihr erkannt. Auch sie machen sich Lernsituationen, die sie freiwillig aufsuchen – wie diese Arbeitsgruppe – genau dadurch zunichte, daß sie sich nicht als Lernende definieren und zeigen können. Vielmehr sind sie überwiegend damit beschäftigt, so zu tun, als ob sie das schon könnten, was sie eigentlich erst lernen wollen.

Nur Gustav und Tina begannen auf sie einzureden, sie würde sich hier als Opfer für die Interpretationslust der Gruppe und insbesondere der Leiter anbieten und das sei doch sehr schade, denn das habe sie doch gar nicht nötig.

Über Wilma waren natürlich alle Supervisoren-Teilnehmer mit der Frage konfrontiert, wie weit sie als „fertige Supervisoren" auch Teilnehmer, d.h Lernende sein können oder ob ein gekränktes Größenselbst diese Möglichkeit verwehre. Tina und Gustav konnten diesen Zusammenhang bis zum Schluß nicht sehen.

Dieses Problem von „großen" und „kleinen" Rollen ist allen Teamsupervisoren wohl bekannt. Wie schwer fällt es doch zum Beispiel Therapeuten in einer Klinik in der Teamsupervision zu Supervisanden zu werden.

III. Zusammenfassung

1. Wie für gruppendynamische Veranstaltungen und Teamsupervisionen üblich stellen die Leiter der Gruppe nach einer Vorstellungsrunde

die Aufgabe, sich über den Inhalt der gemeinsamen Arbeit zu verständigen. Die Gruppe braucht jedoch mehr als die Hälfte der zur Verfügung stehenden Zeit, um diese Aufgabe zu verstehen, zu akzeptieren und zu verwirklichen. In dieser Zeit entwickelt sich die spezifische Dynamik dieser Gruppe, die in der nachfolgenden zweiten Zeitphase als allen gemeinsam zugängliches Belegmaterial für „angewandte Gruppendynamik in der Teamsupervision und Organisationsberatung" untersucht wird.

2. Anfangs lebt die Gruppe von der (unausgesprochenen) Übereinkunft, daß es Aufgabe der Leiter sei, mit konkreten Vorgaben den Inhalt der Arbeit festzulegen und die Vorgehensweise zu strukturieren. Indem die Leiter die Gruppe mit diesen Erwartungen konfrontieren ohne sie zu erfüllen, entwickeln sich Einzelauseinandersetzungen zwischen Leitern und Teilnehmern. Sie markieren verschiedene Stufen des dynamischen Prozesses, in dessen Verlauf schließlich alle Teilnehmer Position beziehen hinsichtlich ihrer Bedürfnisse, Interessen und Ziele in dieser Gruppe. Der emotionale und beziehungsmäßige Teil dieser Selbstdeklarationen ist zwar deutlich spürbar als Druck, Angst und vorrangiger Fixierung auf die Leiter, wird aber nicht angesprochen oder taucht in gegenteilige Behauptungen verkleidet auf. (z.B. Roland: „Hier stellt jeder, der sich äußert, seine Kompetenz oder Nichtkompetenz als Supervisor unter Beweis. Ich habe mich bisher zwar nicht äußern können, aber mich insgesamt sehr wohl gefühlt".)

3. Durch die Auseinandersetzungen mit den Leitern ermutigt, beginnen die Teilnehmer mit Beziehungsklärungen untereinander; bisher unausgesprochene Erwartungen und Befürchtungen – die sich nicht nur dem „ersten Eindruck" hier verdanken, sondern z.T. auch auf konkreten Vorerfahrungen beruhen – kommen zur Sprache und verlieren dadurch ihre blockierende Wirkung. Übermächtige Konkurrenz-, Leistungs- und Versagensängste werden konkret benannt. Dementsprechend ist es den Einzelnen zunehmend möglich, zu formulieren, was sie hier bewegt, was sie hier wollen und auf welche anderen Personen sie dabei zu rechnen hoffen.

4. Am Schluß des ersten Arbeitstages und angesichts eines langen freien Abends merken die Leiter, daß der von ihnen selbst für das Gesamtsystem festgelegte Zeitrahmen dysfunktional für ihre Gruppenarbeit ist; sie hätten gerne noch eine zusätzliche Abendsitzung und versuchen, die Leiter der anderen Gruppen für eine entsprechende Veränderung der Gesamtzeitstruktur ad hoc zu gewinnen. Sie bekommen jedoch keine Unterstützung, da in den anderen Gruppen

nicht an und mit Prozessdynamik gearbeitet wird und dementsprechend kein Bedarf für zusätzliche Arbeitszeit ist. Also müssen die beiden Leiter in den gegebenen Verhältnissen den begonnenen Prozeß zu einem guten Ende steuern. Zur Prozeßbeschleunigung bieten sie deshalb der Gruppe am nächsten Morgen zwei Strukturvorschläge an: eine Gruppenanalyse (die im wesentlichen als Hauptproblem der bisherigen Arbeit zwei sich wechselseitig ausschließende Teilnahmemotivationen herausfindet) und eine Änderung im Setting: durch eine neue Sitzordnung (Innenkreis/Außenkreis) bekommen beide Teilnahmemotivationen ihren legitimen Platz (aktiv den Arbeitsprozeß gestalten/diesen Prozeß beobachtend miterleben), der Übersicht, Statusveränderung und konstruktives Arbeiten gewährleistet.

5. Der Innenkreis beschließt, markante Szenen aus der Anfangsphase der Arbeit speziell in Hinblick auf die Leiterinterventionen und deren Relevanz für die eigene Praxis zu untersuchen. Endlich kann es zu der eigentlich von allen gewünschten, aber bisher aus Angst vermiedenen Auseinandersetzung auf fachlicher und persönlicher Ebene über den Kompetenzbedarf eines Supervisors kommen, der in der Teamsupervision und Organisationsberatung gruppendynamisch vorgehen will. Das Arbeitsklima ist sehr dicht, nahezu alle Teilnehmer beteiligen sich aktiv, mehrere geraten in starke persönliche Betroffenheit, wobei noch übrig gebliebene Konflikte weitgehend aufgelöst werden können. Herausgearbeitet wird die dynamische Komplexität von Erwartungen und Blockaden, die die einzelnen zu bewältigen hatten bei dem schwierigen Versuch, sich in der Gruppe als Person mit all ihren Fähigkeiten und Unzulänglichkeiten zu zeigen und zur selbstbestimmtem gemeinsamen Arbeit mit anderen zu finden. Daß auch Supervisoren nicht dagegen gefeit sind, in der Teilnehmerrolle auf einem Supervisionsworkshop genau jene Verhaltensmuster zu reproduzieren, die sie sonst gewohnt sind, bei ihren Klienten anzutreffen – das war am Ende nicht mehr beschämend, sondern entlastend: auch Supervisoren sind Menschen.

Elfi Gorges
Lothar Krapohl

Wahrnehmungszugänge in der Supervision

1. Zur Bedeutung von Wahrnehmung in der Supervision

Das Nachspüren des sprachlichen Bedeutungsgehaltes von Wahrnehmen erlaubt bereits einen gewissen Aufschluß über das, was sich im Wahrnehmungsprozeß abspielt. Wir „nehmen etwas für wahr", d.h. wir sind von der Richtigkeit dessen, was wir mit „eigenen Ohren" hören und mit „eigenen Augen" sehen, überzeugt.
Ob allerdings das, was wir für wahr halten, auch der Wahrheit entspricht, muß in Frage gestellt werden. Denn unsere Wahrnehmung liefert uns ja, wie wir aus zahlreichen Experimenten und Untersuchungen vor allem zur Objektwahrnehmung wissen, kein objektives Abbild der dargebotenen Reize, sondern unterliegt einer Fülle von Einflüssen, die dazu führen, daß unsere Sinne sich täuschen.

Was geschieht nun eigentlich im Wahrnehmungsprozeß und was ist das Charakteristische für Wahrnehmung? In der Wahrnehmung beobachten wir. Betrachten wir zum Beispiel einen Gegenstand, so können wir ihn immer nur von einer Seite gleichzeitig sehen. Sartre beschreibt dieses Phänomen sehr schön am Beispiel des Würfels:
„Solange ich nicht seine sechs Flächen gesehen habe, kann ich nicht wissen, daß es Ein Würfel ist; ich kann allenfalls drei Flächen gleichzeitig sehen, aber nie mehr. Ich muß sie also nacheinander sehen... Der Würfel ist mir dadurch präsent, ich kann ihn berühren, sehen, aber ich sehe ihn immer nur auf eine bestimmte Weise, die nach einer Unendlichkeit anderer Gesichtspunkte ruft und sie gleichzeitig ausschließt. Man muß die Objekte lernen, das heißt die möglichen Gesichtspunkte auf sie vervielfachen."[1]
Demnach ist Wahrnehmung ein langsamer Lernprozeß, der Geduld erfordert, Abwarten heißt und eine Suchhaltung impliziert, möglichst viele Perspektiven zu entwickeln.

Betrachten wir eine Person oder soziale Gegebenheit, so ist der Lernprozeß, wie er für die Erkundung des Würfels beschrieben wurde, auch angesprochen; wir müssen lernen, die möglichen Gesichtspunkte zusammenzusetzen oder wie Bergson in diesem Zusammenhang sagt, „die Runde machen" oder „warten bis der Zucker schmilzt", – allerdings in einem ungleich komplexeren Geschehen.[2]

1.1 Wahrnehmungseinstellung

Nun ist es natürlich nicht so, daß wir in einer neuen Situation damit beginnen müßten, alles neu zu entdecken, sondern wir verfügen bereits über einen Orientierungsmaßstab, den wir im Laufe unseres Lebens durch unsere Erfahrung erworben haben, der uns dazu verhilft, relativ schnell eine Ein-Stellung zu finden und unser Verhalten den jeweiligen Erfordernissen anzupassen.

Dabei wollen wir uns nicht täglich neu mit unserer Einstellung zu einer Person, zum Wetter, zur Rüstungspolitik etc. auseinandersetzen, sondern haben uns ein fest verwobenes Netz an Standpunkten angeeignet. Dies führt zum einen dazu, daß wir uns schnell orientieren können und Sicherheit erwerben, daß aber für Informationen, die in dieses hochkomplexe System nicht hineinpassen, aber eine bestimmte Einstellung fragwürdig erscheinen lassen, die Wahrnehmungsschwelle heraufgesetzt werden kann. Das bedeutet, daß wir langsamer und unklarer wahrnehmen.

Unserer Einstellung käme demnach eine Art Filterfunktion für unsere Wahrnehmung zu, die – vereinfacht – Informationen, die diesem System entsprechen, schneller aufnimmt und zuwiderlaufende verunsichernd wirkende Informationen ausgrenzt.

Allerdings darf das Einstellungskonzept, das jeder besitzt und im wesentlichen situationsübergreifende, feste, eingefahrene Vorstellungen, Meinungen, Werturteile etc. meint, die unser Handeln bestimmen, nicht als starres Verhaltenskonzept verstanden werden. Je nachdem, wie festgefügt oder veränderbar unsere Einstellungen sind, werden wir eine Suchhaltung entwickeln können, die anderen Seiten einer Person, Situation zu entdecken, aber wir werden immer nur eine begrenzte Auswahl an Sichtweisen haben, um unser Bild zusammenzufügen. Damit wird unsere Wahrnehmung immer zu einer selektiven.

1.2 Selektion

Selektivität als besonderes Kennzeichen von Wahrnehmungstätigkeit sehen wir zunächst als wichtiges Moment an, zu einer Erkenntnis über Realität zu kommen gerade dadurch, daß wir nicht wie ein Schwamm unterschiedslos alle Reize aufsaugen, sondern in Abhängigkeit von motivationalen und einstellungsbedingten Faktoren (etc.) selegieren.
Selektion ist notwendig, um zu tieferer Erkenntnis zu gelangen, und nicht, wie es häufig üblich im Zusammenhang mit Theorien speziell zur „sozialen Wahrnehmung" (hiermit ist der Ansatz der „social perception" Schule gemeint) erscheinen mag, eine bloße Verfälschungstendenz; würde somit doch der hohe Anteil an realitätsgerechter Wahrnehmung außer Acht gelassen.
Wenn wir uns hier trotzdem verstärkt dem Problem inadäquater Selektion zuwenden, so geschieht dies deshalb, weil in der Supervision die individuelle Unterschiedlichkeit von Wahrnehmung von besonderer Bedeutung und Auswirkung ist. Hierbei wird deutlich, daß Einstellungen, Vorstellungen eine völlig andere Qualität des Zugangs zur Realität besitzen, als es für den Wahrnehmungsprozeß am Beispiel des Würfels beschrieben wurde. Wahrnehmung beinhaltet die Möglichkeit, neue Perspektiven zu entwickeln, etwas Neues an einer Person zu sehen, während Einstellungen und Vorstellungen eine schnelle Orientierung implizieren und ein Hervorrufen des bereits Gewußten bedeuten; also eher auf Eingrenzung statt auf Ausweitung angelegt sind.[3]
Erste Hinweise zur Selektion auf Seiten der Supervisanden ergeben sich zwangsläufig aus der Tatsache, daß der Gegenstand der Supervision das vom Supervisanden subjektiv dargestellte (und immer schon selektierte) Praxismaterial ist. Damit stellen sich unter dem Fokus der Wahrnehmung für die Supervision die Fragen:
– Was nimmt der Supervisand an der Praxissituation wahr und stellt es auch dar?
– Was nimmt er daran wahr, ohne es aber darzustellen?
– Was nimmt er (noch) nicht wahr und kann es somit auch (noch) nicht darstellen?

Eine meta-kommunikative Bearbeitung der Berichterstattung wird zwangsläufig zu Übereinstimmungen und Diskrepanzen im Wahrnehmen/Erleben bzw. Darstellen zwischen Supervisand, ggfls. übrigen Supervisanden und Supervisor führen. Erfolgt eine Ausdifferenzierung von Selbstwahrnehmung und Fremdwahrnehmung, von wirksamen und unwirksamen, von beachteten und nicht beachteten Bedingungsfaktoren, kann dies bereits zu einer erweiterten Wahrnehmung führen. In jedem Falle erhält der Supervisor bereits hier Einblick in die Wahrnehmungsfähigkeit, die Wahrnehmungseinstellung und das Wahrnehmungskonzept des(r) Supervisanden. Dabei führt „der Weg von der unreflektierten Wirksamkeit von Bedingungsfaktoren im Bedingungszusammenhang zu der unreflektierten Wirksamkeit von Bedingungszusammenhängen und der kontrollierten Veränderung durch den Supervisanden."[4]

1.3 Der Einfluß von Gefühlen auf die Wahrnehmung

Der gefühlsmäßige Aspekt persönlicher Erfahrungen ist schwer von unseren Empfindungen zu trennen, und doch ist es so, daß Gefühle über Empfindungen hinausgehen. Wir akzeptieren Empfindungen einzeln; wir erleben Herzklopfen, das Zittern der Stimme etc., doch diese Sinnesempfindung sagt noch nichts darüber aus, ob wir uns fürchten oder freuen. Wenn wir ein Gefühl haben, ist dieses Gefühl auf jemanden gerichtet. Liebe ist für eine Person, Haß gegen eine Person. Gefühle besitzen also eine Richtung und beinhalten eine persönliche Bewertung. Die positive oder negative Richtung unseres Gefühls wird sich in Zu- oder Abneigung bemerkbar machen.

Ebenso wie unsere Einstellungen verhelfen uns unsere Gefühle dazu, eine aktuelle Situation in das größere Schema der eigenen Erfahrungen einzuordnen. Gefühle als individuelle Bewertung einer Person oder Situation sind somit ein weiterer Baustein, der zur Selektivität unserer Wahrnehmung beiträgt.

Gefühle können aber auch Wiederholung von Gefühlen gegenüber früheren Bezugspersonen sein, die unbewußt auf Personen der Gegenwart übertragen werden. Ihre Auswirkung besteht darin, daß sie zu einer Nichtbeachtung der Realität oder Verzerrung der Wahrnehmung führen. Übertragungsgefühle als solche wahrnehmen zu können ist für den Supervisor auch deshalb sehr bedeutsam, weil es nicht nur um die Wiederholung eines Gefühls geht, sondern dieses Gefühl auch mit Erwartungen an den Supervisor verbunden ist, sich in das Wiederholungsgeschehen komplementär einzufügen und sich verwickeln zu lassen. Dem Supervisor kommt in diesem Zusammenhang die schwere Aufgabe zu, die Entstehungsorte der Gefühle herauszufinden. Er muß den Verbindungsweg

zur Vergangenheit genauso im Auge haben wie das gegenwärtige gemeinsame Wegstück, um wahrnehmen zu können, auf welchem Weg die Stolpersteine liegen.
Damit ist die Fähigkeit kompetenter Selbst- und Fremdwahrnehmung des Supervisors angesprochen.
Um entscheiden zu können, ob seine Vorstellungen, Phantasien, Gefühle zur Situation des Supervisanden passen, ist für ihn wichtig, von unterschiedlichen Positionen her wahrzunehmen: von der Position des Beobachters wechseln zur Position des Teilnehmenden, von der Introspektion zur Empathie.
Auf Empathie im Sinne einer Wahrnehmungsmethode werden wir im folgenden noch eingehen. Introspektion als Methode zur Wahrnehmung von Gegenübertragung, werden wir nicht näher behandeln, da es einen speziellen Beitrag zu diesem Thema in diesem Reader gibt.

2. Empathie als Wahrnehmungsmethode

Um einem Supervisanden bei einer Bearbeitung seiner Schwierigkeiten zu helfen, reichen unser theoretisches Wissen und unser intellektuelles Verständnis nicht aus. Wir müssen ihn auch emotional kennen. Zu diesem gewissermaßen emotionalen Wissen gelangen wir, indem wir uns vorübergehend in ihn hineinversetzen, uns einfühlen in eine Gefühlsqualität. Dieser Vorgang beschreibt das, was wir unter Empathie verstehen.
Die Wahrnehmung von Gefühlsqualitäten setzt also die Fähigkeit zur Empathie voraus. Empathie gelingt aber nicht immer und gleichbleibend, sie kann gestört sein: ein Bericht kann uns verwirren, ein Weinen kann uns kalt lassen.
Störungen der Empathie können sich bei Zeitwahl und Dosierung von Deutungen aber auch durch mangelnde Berücksichtigung der Auswirkung konfrontativer Interventionen bemerkbar machen. Die wesentliche Frage, wieviel an Einsicht und Konfrontation der Supervisand zum gegenwärtigen Zeitpunkt ertragen kann, wird außer acht gelassen.
Empathie kann gehemmt sein; ein Supervisor, der sich allzu lange passiv verhält, immer mehr Material zusammentragen läßt und wartet, bis der „eigentliche Fall" kommt, tatsächlich der „Fall" bereits präsentiert wurde, zeigt, daß er den wesentlichen emotionalen Berührungspunkt übersehen und überhört hat und damit nicht nachempfinden konnte. Aber

nicht immer führt Empathie auch zum besseren Verständnis, sondern kann auch dazu führen, daß wir gewissermaßen „aus der Rolle fallen" und mit Empathie nicht mehr kontrolliert umgehen im Sinne einer Diagnosefindung oder zur Unterstützung der Selbstexploration des Supervisanden.
Diese Gefahr scheint dann gegeben zu sein, wenn wir zum Beispiel feindselige Impulse empathisch wahrnehmen, darauf dann aber persönlich reagieren, ohne daß die Gefühle an uns adressiert waren.

3. Interpersonale Wahrnehmung

Bisher haben wir Wahrnehmung eher unter dem Gesichtspunkt betrachtet, daß es in einer Situation ein Wahrnehmungsobjekt und ein Wahrnehmungssubjekt gibt. Diese methodische Vereinfachung bildet aber nicht das ab, was sich in einer konkreten zwischenmenschlichen Beziehung in der Wahrnehmung vollzieht; denn nicht einer ist Subjekt und ein anderer Objekt, sondern jeder Subjekt und Objekt zugleich. Es findet ein Prozeß gegenseitiger Beeinflussung statt. Mein Eindruck von einer Person wird nicht ohne konkrete Auswirkungen auf mein Verhalten dieser Person gegenüber bleiben, was wiederum Eingang in deren Wahrnehmung und Verhalten findet. Es ergibt sich ein wechselseitiger Prozeß der Eindrucksbildung und Ausdrucksinterpretation. Im Verlauf einer zwischenmenschlichen Beziehung mag es sein, daß unser erster Eindruck revidiert wird, wir lernen, den anderen mit „anderen Augen" zu sehen. Durch den anderen können wir auch etwas über uns oder sein Bild von uns erfahren. Wir sehen den anderen als einen uns Wahrnehmenden. Der andere wird mein Bild von ihm brauchen, um zu wissen, wer er für mich ist und umgekehrt. Es kann ein förderndes Bild sein, aber auch ein hemmendes Bild. Die Frage nach dem impliziten Menschenbild taucht auf.
Wenn wir uns ein Bild vom anderen machen, Vorstellungen entwickeln und zu einer Beurteilung kommen, verlassen wir den Bereich der sinnlichen Wahrnehmung. Begriffe, Schlußfolgerungen – wie sie Deutungen und Diagnosen darstellen – werden erst durch die Loslösung von Sinneswahrnehmung möglich.
Selektion wird unumgänglich und damit auch das Risiko inadäquater Selektion und Schlußfolgerung. Unsere Bilder können nur einen Annäherungsprozeß darstellen, in dem Bewußtsein, daß wir nie völlig erfas-

sen werden, wie der andere „wirklich" ist; wir aber verantwortlich sind für die Auswirkungen unserer Bilder und Deutungen.

3.1. Supervision als Spezialfall interpersonaler Wahrnehmung

Das Spezifische am Supervisionsprozeß ist ja, daß Probleme, die der Supervisand mitbringt, nicht nur individuell und interindividuell gesehen werden, sondern auch im Zusammenhang mit seiner institutionellen Wirklichkeit reflektiert werden.
Damit sind an die Wahrnehmungskompetenz des Supervisors hohe Anforderungen gestellt. Zum einen muß er sich kognitiven und affektiven Zugang in die Wahrnehmungswelt des Supervisanden und seiner Klienten verschaffen, verstehen lernen, wie interpersonale und institutionelle Verwicklungen sich in individuell erfahrenen Problemen niederschlagen, damit er der faktischen Realität ein Stückchen näher kommt. Der kontrollierte Einsatz einer subjektiven Wahrnehmungsfähigkeit stellt ein wichtiges Instrument dar.
Zwar gelten auch für die Supervisionsbeziehung die Gesetzmäßigkeiten interpersonaler Wahrnehmung in der Weise, daß es zu gegenseitigen Bedeutungsdefinitionen kommt, nicht einer Beobachter und der andere Beobachteter ist. Aufgrund der unterschiedlichen Rollenverteilung ist die Supervisionsbeziehung jedoch keine symmetrische, sondern eine asymmetrische. Die Macht ist nicht gleich verteilt. Die unterschiedliche Rollenmacht wird der Supervisor sich vor Augen halten müssen, zum einen, weil dadurch Übertragungen gefördert werden, zum anderen, weil es zu geheimen Rollenerwartungen seitens des Supervisanden kommen kann und seine Interaktionen ein anderes Gewicht haben, als in einer partnerschaftlichen Beziehung.

3.2 Ausdrucksverhalten als Wahrnehmungsgegenstand

Das Gebot: „Du sollst Dir kein Bildnis machen" ist uns allen hinlänglich bekannt. Hat es doch für professionelle „Bildermacher" wie es Supervisoren sind, eine besondere Brisanz. Einerseits sind wir darauf angewiesen, uns ein Bild zu machen, andererseits gilt es jedoch, die Spannung auszuhalten, sich kein vorschnelles Bild, im Sinne einer Festlegung, zu machen.

Dabei ist der Supervisor als Bildermacher weniger mit dem Fotografen zu vergleichen, der Ein Bild macht, sondern vielmehr mit dem Filmemacher, der einen Film dreht: bei dem sich etwas entwickelt, der in einer besonderen Landschaft mit besonderen Schauspielern stattfindet. Er kann mit einem Schauspieler arbeiten, der Führung braucht oder bei dem er sich zurückhalten muß. Es kann sein, daß er dies wahrnimmt und die Schauspieler dabei ihre individuellen Fähigkeiten entwickeln und entfalten können. Es kann aber auch sein, daß er dies nicht sieht und die Schauspieler blaß bleiben.

Der Filmemacher wird Vorlieben für ein bestimmtes Genre, bestimmte Einstellungen, Kameraführung etc. haben. Einen guten Filmemacher wird man an seiner persönlichen Handschrift erkennen, an seiner Art, Bilder zu machen. Auch der Supervisor verfügt, neben der Beherrschung des Handwerks, über ein individuelles implizites Wahrnehmungskonzept, das wirksam wird und der Explikation bedarf, wenn es als Teil einer subjektiven Methode verstanden werden soll.

Daher scheint uns in diesem Zusammenhang besonders wichtig zu sein, der Frage nachzugehen: „Wie kommt der Supervisor zu seinen Bildern?" (Oder wie sieht das Wechselspiel zwischen Eindrucksbildung und Ausdrucksverhalten aus?)

Dabei wenden wir uns zunächst dem zu, was potentiell Wahrnehmungsgegenstand in der Supervision ist.

Das Ausdrucksverhalten des/der Supervisanden umfaßt sowohl seine Sprache, als auch seine Körpersprache. Sprache bezieht sich zum einen auf den Klangaspekt: „Wie ist die Stimme"? Zum Anderen auf den Inhalt: „Was wird gesagt?" Und darauf, wie etwas sprachlich gefaßt wird (linguistische Gewohnheiten etc.). Die Körpersprache umfaßt Mimik, Gestik, Motorik (Kontaktfunktionen von Augen und Ohren) aber auch die Sprache des Körpers im Sinne der Erscheinung und Aufmachung.

Wie ein Supervisand sich verbal und nonverbal ausdrückt, verschafft ihm zum einen die Möglichkeit zu sagen, wer er ist und wie er gesehen werden möchte und zum anderen die Möglichkeit in Kontakt zu treten oder aber Kontakt zu vermeiden. Neben diesem Bereich, der der unmittelbaren Wahrnehmung der Sinne zugänglich ist, gibt es einen weiteren, über den wir nur mittelbar etwas erfahren: die Klienten des Supervisanden, die Institution, in der er arbeitet, seine Beziehung zu Kollegen etc..

Das bedeutet, daß wir in der Supervisionssituation nicht nur mit Bildern zu tun haben, die sinnlich wahrnehmbar sind, sondern auch mit Bildern, die den Bereich des rein sinnlich Wahrnehmbaren verlassen, nämlich der Vorstellung, Imagination aber auch der sprachlichen Bilder (Metaphern). Zunächst aber ist unsere sinnliche Wahrnehmung angesprochen. Wir hören, was der Supervisand sagt, sehen, wie er etwas sagt. Dann werden wir das, was wir wahrgenommen haben, beschreiben und in einem späteren Schritt ordnen und bewerten. Wie wir das, was wir wahrnehmen, beschreiben, beinhaltet bereits eine Selektion (Entscheidung).

Unser individueller Bezugsrahmen entscheidet darüber, was wir für wesentlich oder unwesentlich halten. Ein wesentlicher Teil des individuellen Bezugsrahmens des Supervisors wird durch seine Einstellung und Erfahrung, die er im Verlauf seiner individuellen und beruflichen Sozialisation erworben hat und durch seinen theoretischen Ansatz, den er vertritt, ausgemacht. Dabei wird er das Wahrgenommene nicht nur im kognitiven Sinne ordnen, sondern wird versuchen, zu verstehen, was sich in der jeweiligen Szene ereignet, wobei Empathie und Introspektion als Methoden der Einsichtgewinnung dienen.

3.3 Sprachliche Repräsentation als Wahrnehmungsgegenstand

Wie bereits vorher erwähnt, nehmen wir über die fünf Sinne: Sehen, Hören, Fühlen, Schmecken und Riechen wahr. Zunächst verfügen wir über ein Sprachsystem, um unsere Wahrnehmungen und Erfahrungen zu repräsentieren. Wie Grinder/Bandler[5] aufzeigen, hat jeder Mensch ein stark bevorzugtes Repräsentationssystem, das sich von den bevorzugten Repräsentationssystemen irgendeines anderen Menschen unterscheidet. Hieraus läßt sich auch erschließen, daß jeder eine unterschiedliche Erfahrung macht, wenn er denselben Erfahrungen der realen Welt gegenüber steht.

Die drei Hauptkanäle, über die wir Menschen Informationen über unsere Umwelt erhalten, sind: Sehen (visuelle Wahrnehmung), Hören (auditive Wahrnehmung) und Fühlen (kinästhetische Wahrnehmung, körperliche Empfindung). Jeder dieser Kanäle liefert fortlaufend Informationen, die wir zur Organisation unserer Erfahrungen verwenden.

Für die Supervision bedeutet das, daß wir wichtige Hinweise darüber erhalten können, wie der Supervisand sein Erleben und seine Wahrnehmung organisiert, wenn wir auf seine sprachlichen Repräsentationen achten. Aus der – meist unbewußten – Wahl der Prädikate, d.h. der verwendeten Verben, Adverbien und Adjektive lassen sich Rückschlüsse auf sein jeweils bevorzugtes Repräsentationssystem ziehen. So ist es für den Verständigungsprozeß von Bedeutung, daß wir erkennen, ob der Supervisand eher visuelle, auditive oder kinästhetische Wahrnehmungszugänge bzw. Repräsentationen wählt. Eine entsprechende Angleichung in den Prädikaten erleichtert dann den Zugang zur Wahrnehmung des Supervisanden und ermöglicht in der Folge Verständigung und Vertrauenszuwachs.

Beispielsweise würde es im Rahmen der Selbstexploration einem Supervisanden, der seine Wahrnehmung dominant visuell organisiert, helfen, wenn man ihm sagt: „s c h a u einmal in Dich hinein", bei einem eher auditiv ausgerichteten Supervisanden lautet die entsprechende Aufforderung: „h ö r e einmal in Dich hinein", und ist das bevorzugte Repräsentationssystem kinästhetisch, so würde es heißen: „f ü h l e einmal in Dich hinein"!

Wenn der Supervisor die Repräsentationssysteme seiner Supervisanden identifizieren kann, weiß er, welche Zugänge zur Realität ihnen zur Verfügung stehen und welche kaum oder gar nicht. Läßt ein Supervisand z.B. ein ganzes Repräsentationssystem aus, so sind seine möglichen Erfahrungen reduziert und es wird dann große Probleme z.B. in der Kommunikation mit Klienten geben, wenn diese das Repräsentationssystem verwenden, das beim Supervisanden kaum oder nicht ausdifferenziert ist.

Zielsetzung wäre dann, über den Wechsel und das Hinzufügen von Repräsentationssystemen, von Grinder/Bandler „Metataktiken" genannt, eine Erweiterung der Wahrnehmung und ihrer Repräsentation.

4. Institutionelle Einflußfaktoren

Versteht man Supervision als spezifische Form der Beratung von M e n s c h e n i n A r b e i t, dann müssen neben den bereits weiter oben angesprochenen individuellen und interindividuellen, auch die institutionellen Bedingungsfaktoren im Wahrnehmungskonzept vorhanden sein. Der

„Mensch in Arbeit" ist in unserer Gesellschaft immer ein institutionell eingebundener Mensch. Dies gilt auch für den freiberuflich Tätigen (z.B. SupervisorIn), der dann seine eigene Institution „ist" und in interinstitutionellen Bezügen steht.
Effiziente Problem- bzw. Konfliktbearbeitung setzt beim Supervisor somit ein entsprechend breites Wahrnehmungskonzept voraus.
Bedingungsfaktoren, die im Wahrnehmungskonzept von Supervisoren nicht vorhanden sind, werden auch im Diagnosekonzept und in der Folge in ihrer Interventionsstrategie nicht mehr auftauchen. In der Praxis bedeutet das, daß an möglichen Problemursachen vorbeigearbeitet wird.
Wenn also Wahrnehmungskonzepte immer subjektive sind, die sich aus der Wahrnehmungsfähigkeit, der jeweiligen kognitiven Strukturierung und somit Einstellung ergeben, so verlangt das von Supervisoren, daß ihr Wahrnehmungskonzept und ihre kognitive Strukturierung die folgenden Ebenen bzw. mögliche Bedingungsfaktoren umfaßt:
– die intrapersonale Ebene (Psycho-Dynamik, Identität des Einzelnen)
– die interpersonale Ebene (Sozio-Dynamik, konkrete zwischenmenschliche Beziehungen und gruppendynamische Prozesse)
– die institutionelle Ebene (Aufbaustruktur der Institution, offizielle/formale sowie geheime/informelle/latente Strukturen; Rollen- und Funktionsverteilung; Arbeitsstruktur; Arbeitsstile; Arbeitsprozesse; Ressourcen)
– und innerhalb der genannten Ebenen die jeweiligen Wertesysteme von Gesellschaft, Institution und Individuum.[6]
Es gilt, daß Probleme auf der einen Ebene nicht auf einer anderen lösbar sind, wenngleich wechselseitige Beeinflussungen und das gleichzeitige Vorhandensein von Problem- / Konfliktursachen auf mehr als einer Ebene zu berücksichtigen sind.
Auch wenn das Wahrnehmungskonzept von SupervisorenInnen intrapersonelle, institutionelle und interpersonelle Faktoren umfaßt, werden je nach kognitiver Strukturierung und Wahrnehmungseinstellung d.h. beispielsweise je nach Identifikation mit bestimmten „Schulen" (analytischen, gestalttherapeutischen, transaktionsanalytischen, systemischen, interaktionistischen usw.) andere Aspekte aus der Totalität der wahrgenommenen Situation selektiert und unterschiedliche Bedeutungszuschreibungen vorgenommen werden.
Entsprechend erhalten institutionelle Bezüge je nach Supervisor mehr oder minder Gewicht. Ein Supervisionskonzept, das die institutionellen Hintergründe ausblendet und nicht mitreflektiert, entbehrt zum einen wichtiger fachlicher Kategorien und muß sich zum anderen dem Vorwurf

stellen, apolitisch zu sein und Individualisierung im negativen Sinne des Wortes zu betreiben. Die gesellschaftliche Dimension von Problemkonstellationen würde geleugnet, und ein solches Konzept könnte dem von uns gestellten Anspruch, daß Supervision der Ort der Aufklärung ist, nicht gerecht werden. Die zur Supervision gehörende wichtige Analyse institutioneller Bedingungen und deren Auswirkungen wären ebenso kein Thema, wie die Analyse dessen, was institutionell veränderbar ist und was nicht.

Es fehlte das Herausarbeiten und Überprüfen von Veränderungsstrategien auf der institutionellen Ebene: Das heißt, daß an möglichen Problemursachen vorbeigearbeitet würde; denn wie weiter vorne bereits aufgezeigt, sind Probleme auf der einen Ebene nicht auf einer anderen lösbar.

Das Erkennen und Bearbeiten der über die individuellen Komponenten hinausgehenden institutionellen Einflußfaktoren wird allerdings nur dann einigermaßen möglich werden, wenn der Supervisor seine eigene Geschichte mit und in Institutionen soweit aufgearbeitet hat, daß er seinen Übertragungsneigungen und evt. Abwehrstrukturen nicht „blind" ausgeliefert ist; er also nicht wesentlich eingeengt ist in seiner Wahrnehmungseinstellung gegenüber Institutionen.

Neben dem notwendigen Faktenwissen und der bereits erwähnten kognitiven Strukturierung, die dem Supervisor helfen, möglichst viele Seiten des „Würfels" zu erfassen, ist es wichtig, daß er quasi einen Verstehensvorbehalt dem Supervisanden gegenüber produziert; das heißt, daß er seine Wahrnehmungseinstellung mit dem Vorbehalt versieht: es könnte auch anders sein, als der Supervisand es darstellt. Mit Hilfe der multiplen Identifikation, beispielsweise der nacheinander folgenden Identifikation mit dem(r) Chef(in) des Supervisanden, den Kollegen(innen), den Klienten u.s.w., kann der Supervisor „blinde Flecken" in der Wahrnehmung des Supervisanden, seine Vorurteile und/oder (Fehl-)Deutungen herausspüren und fragend und konfrontierend herausarbeiten. Die dargestellte Szene kann hierüber neu gesehen und verstanden werden. Auf diese Weise erhält der Supervisor eine realistischere Einschätzung darüber, inwieweit interpersonale oder institutionelle Einflußfaktoren als mögliche Konfliktursachen in Frage kommen, ohne die intrapersonalen Aspekte aus dem Blick zu verlieren.

5. Anstelle einer Zusammenfassung

Wenn wir uns mit der Wahrnehmung sozialer Gegebenheiten befassen, fällt auf, daß der Einfluß von „nicht-sinnlichen" Bedingungen, wie Einstellung, Werthaltung, Emotion etc. einen hohen Stellenwert erhält. Demgegenüber erscheint die Erkenntnisfunktion der Sinne (Sehen, Hören, Fühlen, Riechen, Schmecken), die einen Aufschluß über die uns umgebende Realität ermöglichen, nachgeordnet. Das bedeutet, daß gerade die nicht-sinnlichen Bedingungen wichtige kognitiv-emotionale Zugänge zu einer Wahrnehmungserweiterung bzw. realitätsgerechteren Wahrnehmung darstellen. Wir haben aber auch auf die Kontaktfunktionen unserer Sinne (speziell Augen und Ohren) aber auch von Sprache und Körpersprache hingewiesen; ist es doch für den Aufbau einer Supervisionsbeziehung von großer Bedeutung, ob unsere Sprache – die ja auch nach wie vor Hauptmedium der Supervision ist – den Supervisanden berührt, anspricht oder nicht.

Wesentliche Voraussetzung, Kontakt zu uns selbst und zu anderen zu haben, stellten die Fähigkeiten zu Introspektion und Empathie dar. Die zentrale Rolle von Empathie als einfühlendem Zugang zur Wahrnehmungswelt des Supervisanden und seiner Klientel wurde von uns herausgehoben. Sinnliche Wahrnehmung kommt in der Supervision nur zwischen Supervisand(en) und Supervisor vor! Das bedeutet, daß überwiegend das implizite Wahrnehmungskonzept thematisiert wird und weniger die aktuelle Sinneswahrnehmung angesprochen wird; wir uns also vornehmlich auf der Meta-Ebene von Wahrnehmung bewegen.

Anmerkungen:

1. Jean Paul Sartre: Das Imaginäre, Phänomenologische Psychologie der Einbildungskraft, Reinbek 1971, S. 49
2. Bergson zitiert nach Sartre a.a.O., S. 49
3. vgl. Sartre, a.a.O., S.51
4. Renate John/Heinrich Fallner: Handlungsmodell Supervision, Mayen 2 1980, S. 79
5. John Grinder/Richard Bandler: Kommunikation und Veränderung, die Struktur der Magie II, Paderborn 1984, S. 11.34
6. vgl. Lothar Krapohl: Erwachsenenbildung – Spontaneität und Planung, Aachen 1987, S.39-40

Literaturhinweise

Michael Stadler u.a.: Psychologie der Wahrnehmung, München 1975
Gunnar Westerlund/Sven-Erik Sjöstrand: Organisationsmythen, Stuttgart 1981

Heinz Jürgen Kersting
Angelica Lehmenkühler-Leuschner

Konfrontation in der Supervision

„Das Schauspiel sei die
Schlinge, in die den König
sein Gewissen bringe."
Shakespeare: Hamlet

Supervision als Ort der Aufklärung: Konfrontation und Akzeptanz

Supervision ist ein System menschlicher Kommunikation wie jedes Zusammensein und jede Kooperation von Menschen. Aber das Besondere ist: diese menschliche Kommunikation ist in der Supervision Vorgang und ausdrückliches Thema. Supervision ist menschliche Kommunikation als Situation, Handlung und Deutung von Kommunikation. Supervision ist auf Arbeit bezogen. Der Arbeitsbezug gehört unlöslich zur Supervisionsdefinition; von der Arbeit her wird sie gedeutet und von anderen Kommunikationssituationen unterschieden. Supervision ist Kommunikation über kommunikative Arbeit (Meta-Kommunikation) sie ist Reflexion, ist Austausch, Vergewisserung, Kritik und Produktion von Deutungen über menschliche (Zusammen-) Arbeit. Sie konstruiert Sinnzusammenhänge.
Supervision ist demnach Ort der Aufklärung: Aufklärung über die Situation, das Handeln, die Arbeit und über sich selbst, aber auch das in Bezug auf die Arbeit.
Aufklärung in der Supervision erfordert einfühlende Akzeptanz und abgrenzende Konfrontation. Beide sind notwendig: Denn ohne Akzeptieren des Gegenübers ist Aufklärung moralisches Verurteilen, Feststellen des ideologischen Gegners ohne Möglichkeit zur Veränderung. Ohne Konfrontation ist Aufklärung unmöglich. Denn bloßes Akzeptieren ist Zudecken von Diskrepanzen und Verschweigen alternativer Deutungs-

möglichkeiten. Akzeptanz ohne Konfrontation ist Stillstand; Konfrontation ohne Akzeptanz verletzt und erregt meistens beim Konfrontierten Widerstand und Abwehr, die selten ins Lernen befreien. Akzeptanz und Konfrontation sind wesentliche Bestandteile der Kommunikation des SupervisorsIn, wobei beide miteinander verschränkt Indikatoren supervisorischer Professionalität sind.

Ziele von Konfrontation in der Supervision

In der Supervisionsliteratur findet sich das Stichwort Konfrontation selten; manchmal wird es mit Feed-back-geben synonym gebraucht. Umgangssprachlich meint das Wort Konfrontation: „Gegenüberstellen". Es entstammt dem mittelalterlichen Latein und ist der Gerichtssprache entnommen; „einen Angeklagten oder Zeugen dem Gericht zur Vernehmung gegenüberstellen". Das Wort bedeutet wörtlich etwa „Stirn gegen Stirn (frontal) gegenüberstellen." Es setzt sich zusammen aus der Vorsilbe con „zusammen (cum)" bzw. „gegenüber (contra)" und dem Wort „Stirn, Stirnseite, Grenze, Front (frons)". Umgangssprachlich findet es sich in der passiven Bedeutung: „Ich war konfrontiert, damit daß ...; ich kam nicht umhin, zu sehen; ich war gezwungen, mich damit auseinanderzusetzen, daß ..." und in der aktiven Bedeutung: „Ich bringe jemanden dazu, sich damit auseinanderzusetzen; ich setze eine Grenze; ich grenze mich ab; ich biete die Stirn; ich möchte, daß etwas nicht so weiter läuft wie bisher; ich stelle etwas gegenüber...".

Diese alltagssprachlichen Bedeutungen des Wortes Konfrontation finden auch in der Supervision ihre Brauchbarkeit. Gewöhnlich wird mit Konfrontation Härte und Wehtun verbunden; Verletzungen, Verwundungen und Verluste also, die eintreten wenn zwei Heere aufeinander treffen und Front gegeneinander machen. Das Ziel von Konfrontation in der Supervision dient dem Ziel von Supervision: der Veränderung. Konfrontation zielt an, daß der Supervisand sich im Lernen verwickelt und seine Sichtweise von seiner Arbeit und seinem Handeln in der Arbeit verändert. Konkret, daß er/sie inne hält und sich mit einem für ihn/sie konflikthaften Thema auseinandersetzt.

Konfrontation provoziert, fordert heraus und deckt auf. Die Konfrontation provoziert beim Supervisanden, wenn sie zielgerichtet, präzise und mit der nötigen Einfühlung für die Tragfähigkeit der Beziehung geschieht (wir kommen darauf zurück) einen konstruktiven Ärger auf sich selbst (oder auf das Bild, das der SupervisorIn vom Selbst des Supervisanden zeichnet). Dieser Ärger kann ein starker Motor zur Veränderung sein. Konfrontation stellt SupervisandenInnen vor eine Herausforderung, die sie zu bewältigen gezwungen sind und der sie nicht mehr entkommen können. Zusammen mit dem Ärger über sich selbst drängt diese Herausforderung, das Ruder (häufig gegen alte Muster) in die Hand zu nehmen und neue Verhaltensmuster zu verwenden. Konfrontation deckt die private Logik und Rechtfertigungssysteme der SupervisandenInnen auf und kann diese ad absurdum führen.

Unsere Erfahrung bringt uns zu folgenden Annahmen: SupervisandenInnen verändern sich, wenn sie mit einer sie nicht überfordernden Herausforderung konfrontiert werden, der sie sich stellen müssen, und die sie nicht vermeiden können. Weiter nehmen wir an, daß SupervisandenInnen sich ändern, wenn sie sich ändern wollen. Wenn sie die Entscheidung treffen, den Prozeß ihrer eigenen Veränderung in die Hand zu nehmen.

Was das Konfrontieren angeht, sind wir der Meinung, daß die psychische Zerbrechlichkeit von SupervisandenInnen häufig maßlos überschätzt wird und zwar von ihnen selbst, von SupervisorenInnen und sonstigen Zeitgenossen. In die Supervison kommen nämlich in der Regel psychisch gesunde KollegenInnen, die einen Rat haben wollen oder mit ihrer Arbeit Schwierigkeiten haben (auf das Problem von überfordernder zu harter, d.h. nicht einfühlsamer Konfrontation kommen wir zurück) und keine Menschen, die z.B. in schweren Lebenskrisen stecken.

Wichtig im Zusammenhang mit dem Thema Konfrontation sind für uns folgende Hypothesen: Die Kommunikation des Supervisanden mit dem SupervisorIn oder den Mitsupervisanden spiegelt ziemlich genau sein alltägliches Kommunikationsverhalten in sozialen Beziehungen wider. Private und öffentliche Kommunikationssysteme sind voller offener und versteckter Konfrontationen, z.B. in der Form von paradoxen Strategien und Doppelbindungen. Zumindest das Aufdecken und Umgehen mit solchen Alltagskonfrontationen können im Schutz der methodisch gezielten Konfrontationsstrategie des/der SupervisorsIn gelernt werden. Weiter: Die bedeutendsten Botschaften zwischen Menschen sind nichtsprachlicher Art. Häufig ist das „wie etwas gesagt wird" gültiger als „was gesagt wurde" StudentenInnen der Sozialarbeit empfehle ich (H.K.) während ihres Konfrontierens in der sozialen Arbeit gleichzeitig mit den Augen zu lächeln und humorvolle Wellen auszusenden. Ich versichere den StudentenInnen, daß das lernbar ist und wir üben es ein.

Zwei Arten von konfrontierenden Interventionen

In unserer Arbeitsgruppe „Konfrontation in der Supervision" während der Aachener Supervisionstage 1987 gab es zwei unterschiedliche Lernwünsche: einmal war da die Gruppe derer, die lernen wollten härter, schärfer und präziser zu konfrontieren, zum anderen gab es die Gruppe derer, die bei ihren Konfrontationsversuchen oft die Erfahrung machen, daß sie vor lauter Kränkung und Verletzung bei ihren SupervisandenInnen keinen Auseinandersetzungsprozeß initiieren können. Diese SupervisorenInnen wollten lernen, einfühlsamer, sanfter und behutsamer zu konfrontieren.
Polar zugespitzt kann man hinsichtlich der Konfrontationen vielleicht zwei SupervisorenInnen-Typen ausmachen. Da sind einmal die SupervisorenInnen, die unscharf, ungenau, undeutlich oder übervorsichtig konfrontieren. Von der Persönlichkeitsstruktur sind diese SupervisorenInnen nicht selten depressiv ausgerichtet. Sie arbeiten eher unterstützend und machen häufig die Erfahrung, daß ihre Konfrontationen bei den SupervisorenInnen nicht ankommen. Die Kommunikation dreht sich dann im Kreis und es gelingt ihnen nicht, die SupervisorenInnen bei einem konflikthaften Thema festzuhalten. Zum anderen gibt es die SupervisorenInnen, die so stark konfrontieren, daß die Einfühlung in die SupervisandenInnen auf der Strecke bleibt. Diese SupervisorenInnen sind ihrer Persönlichkeitsstruktur nach häufig eher hysterisch ausgerichtet. Die SupervisandenInnen fühlen sich bei diesen Konfrontationen so gekränkt und verletzt, daß die SupervisorenInnen das Ziel ihrer Intervention ebenfalls nicht erreichen.
Bei beiden Arten von SupervisorenInnen in der konkreten Lerngruppe bestand damals der Wunsch, ihre eigene Bandbreite so aufzufächern, daß in ihrem Konfrontationsrepertoire zwei wichtige Elemente vorhanden sind: einmal ein einfühlender, die Person des SupervisandenIn akzeptierender Teil, zum anderen aber die Fähigkeit, eine Gegenüberstellung herbeizuführen, den SupervisandenIn in dieser Konfrontation zu halten und ihn anzuregen bei diesem konflikthaften Thema zu bleiben.
Was hindert die eher depressiv strukturierten SupervisorenInnen deutlich zu konfrontieren? Diese SupervisorenInnen sind oft aggressiv gehemmt, sie haben Mühe angreifend, also aggressiv an die SupervisandenInnen heranzugehen. Sie haben Scheu oder Angst selbst in die Auseinandersetzung hineingezogen zu werden. Sie fürchten, die Zuneigung ihrer SupervisandenInnen zu verlieren. Was hindert die eher hysterisch

strukturierten SupervisorenInnen einfühlsam zu konfrontieren? Diese SupervisorenInnen sind häufig wegen ihrer Angst vor Nähe nicht in der Lage, akzeptierend zu konfrontieren. Es fällt ihnen schwer, sich auch mit den schwachen, verletzlichen, schutzbedürftigen Anteilen bei ihren SupervisandenInnen(meistens auch bei sich selbst) zu identifizieren. Kurz: Jedes Mal ist es die Angstvermeidung, bei den einen, die Angst Nähe zu verlieren, bei den anderen die Angst vor eben dieser Nähe, die bei den SupervisandenInnen eine zielgerichtete Veränderung erschweren. Konfrontation aber ist nur dann sinnvoll, wenn sie ihr Ziel auch erreicht.

Wir sind uns bewußt, daß wir typisiert haben und es diese Typen in Reinkultur selten gibt; unsere Erfahrung aber mit SupervisorenInnen in der Lehrsupervision und die auch in der Arbeitsgruppe in Aachen aufgetauchten gegensätzlichen Lernwünsche rechtfertigen eine solche schematische Gegenüberstellung.

Humor und Konfrontation

In der Regel wird Konfrontation mit Härte in Verbindung gebracht, und so war auch die Frage einiger Teilnehmer der Arbeitsgruppe verständlich, wie sie diese Härte mildern könnten, um die Beziehung mit den Konfrontationspartnern lebendig und verbindlich zu halten. Uns scheint der Humor **die** zentrale Schlüsselrolle in der Supervisionskonfrontation zu spielen. Konfrontation mit Humor verbunden setzt verblüffende Innovationen in Gang. Humor und seine Geschwister das Lächeln und befreiende Lachen sind Alltagsphänomene und uns selten ganz bewußt. Der Humor erlaubt es dem SupervisorIn, sich wohlwollend neben den SupervisandenIn zu stellen. Humor setzt ein Abrücken, ein Distanzieren von sich selbst voraus. Der SupervisorIn wird zum Modell für das Annehmen und Auseinandersetzen mit Konfrontation, wenn er sich selbst humorvoll konfrontieren läßt, wenn er über sich selbst lachen kann. Es findet keine unangenehme Distanzierung statt, wenn mit Hilfe des Humors die Beziehung zu den SupervisandenInnen in Nähe und Distanz ausbalanciert wird. So kann sich der SupervisandIn erfahren als jemand, dessen Person nicht in ihrer Existenz in Frage gestellt wird, der sich aber lächelnd distanzieren kann.

Was es mit dem Lachen auf sich hat, erhellt wie kaum ein Schriftsteller zuvor Umberto Eco. Sein Roman „der Name der Rose", kreist um das verschollene zweite Buch der Poetik des Aristoteles, in dem der Philosoph über die Komödie und das Lachen schreibt. Dieses gefährliche Werk, dessentwegen im Romankloster die Morde geschehen, verbirgt der Pater Bibliothekar Jorge; denn wenn das Lachen wie bei Aristoteles in den Rang einer Wissenschaft erhoben wird, verschwindet die Angst vor dem Teufel und eine wirkungsvolle Weltveränderung könnte daraus entstehen: das kritische Lachen als Philosophie der permanenten Revolution. William von Baskerville, der Franziskaner-Detektiv des Romans, ermahnt darum auch seinen Schüler Adson: „Fürchte die Wahrheitspropheten, Adson, und fürchte vor allem jene, die bereit sind, für ihre Wahrheit zu sterben ... " (S.624). Die Wahrheitspropheten im Roman, gewöhnlich auch in Wirklichkeit fürchten das Lachen, verbieten es und verbergen folgerichtig, in Ecos Roman, das Buch des Aristoteles über das Lachen. Humor und Witz (und kein geringerer als Freud schrieb eine einleuchtende Studie über den Witz, wenngleich er selbst keine humorvollen Therapietechniken verwendete) stellen auf der einen Seite eine Form der Distanzierung dar, auf der anderen Seite öffnen sie im Lachen Raum für die Entspannung. Bestimmte Arten des Lachens (z.B. das „herzhafte Lachen") bedeuten für den ganzen Körper (der sich dann „schüttelt" vor Lachen) – ähnlich wie beim Orgasmus – ein Nachlassen der Anspannung. Im Lachen geschieht ein Stück Regression. Die Erfahrung der Regression kann Lernen möglich machen. Ein weiterer Gesichtspunkt: Humor und Lachen haben zwei Komponenten: eine intrapersonale und eine interpersonelle (kommunikative). Zum ersten: Humor versteht man am besten, wenn man einen Witz von Nahem betrachtet: ein Witz besteht aus zwei Teilen: dem Festlegen eines Kontext und der Pointe. Der springende Punkt beim Witz ist, wenn er zündet, die plötzliche, unerwartete Umkehrung des Kontextes. Diese verblüffende Umkehr, die scheinbare Ungereimtheit verschiebt die gewöhnliche Wahrnehmung. Unwirkliches und Wirkliches sind nebeneinander gestellt. Die Regeln der Wirklichkeit werden durch die Pointe durcheinandergebracht, vorher Unvereinbares erhält in anderem Kontext einen neuen, treffenden Sinn. Unser Lachen zeigt an, daß der Treffer gelandet ist. Der Witz hat gezündet. Zumindest kurzfristig sind wir verunsichert, unser Bewußtsein kann sich erweitern, die so sichere Wirklichkeit erweist sich aus anderer Sichtweise als brüchig. Offenheit für veränderte Wirklichkeit entsteht, wie in einem japanischen Haiku, wenn z.B. Kobayshi Issa(1763-1827) dichtet: „Der große Buddha/leiht die Nase zum Abflug/der kleinen Schwalbe." Oder wie in dem (für Supervision sehr brauchbaren) jüdischen Satz: „Machen Sie sich nicht so klein, so groß sind sie gar nicht".

Zum Zweiten: Humor wird nahezu immer mit anderen Menschen geteilt. Auch wenn uns etwas Lustiges einfällt, bewahren wir es im Gedächtnis, um eine Geschichte für andere daraus zu machen. Lachen bringt Menschen in Verbindung. „Das Lächeln ist der kürzeste Weg zwischen zwei Menschen" sagen die Chinesen im Sprichwort. Humor ist eine Sprache (mit Regeln, Metaphern, Metakommunikationen). Aristoteles brachte das Lachen mit der Komödie, dem Lustspiel zusammen. So wie das Spiel eine Metapher für die Wirklichkeit erzeugt, so ist paradoxerweise „der Humor wirklich und nicht wirklich zugleich" (sagt Fry 1963, S. 146).
Humor ist zwingend und überwältigend. Er besitzt eine Durchschlagkraft, die Menschen in der Befreiung des Lachens beeinflußt und ihre Ansichten von sich und der Welt verändert.
Lachen assoziieren wir mit Freundschaft, Gefühl, Lebensfreude und Beziehung. Die Fähigkeit zu lachen, zeitweise zu regredieren, die Kontrolle über sich zu verlieren, und dann all das wieder zu integrieren, kann als Zeichen von Reife und seelischer Gesundheit angesehen werden. (vgl. Farelly/Brandsma 1974, Kap IV)
Die Strategien, mit Hilfe derer der SupervisorIn die Supervisanden aus der Reserve locken kann, sind z.B. Übertreibung, Spott, Entstellung, Sarkasmus, Witz, Nachahmung seiner Worteund seines Verhaltens. Bei allem muß aber das wohlwollende Akzeptieren gewahrt bleiben; niemals darf ein SupervisorIn seine Bedürfnisse auf Kosten der Supervisanden befriedigen.

Konfrontation: Theater im Theater

Shakespeare läßt in seinen Dramen häufig eine Schauspieltruppe ein Stück aufführen; der Inhalt des Stückes konfrontiert die Schauspieler in ihrer Rolle als Zuschauer auf der Bühne und führt die Krise herbei: Theater im Theater. Till Eulenspiegel, Philipp Neri, Goethes Lieblingsheiliger und die Hofnarren spielten ihre Konfrontationen. Das politische Kabarett provoziert im Spiel. Vom Theater als Lustspiel war schon beim Witz die Rede; die Konfrontation durch Lachen – Aristoteles verschwundenes Buch – bedroht fast immer tradierte Ideologie; in Ecos Roman setzt es das Kloster in Brand und revolutioniert versteinerte Ordnung.
Die Supervision ist selbst eine Schaubühne, auf der in festgelegten Rollen (SupervisorIn, SupervisandIn, MitsupervisandIn) gespielt wird und

auf der immer wieder das Schauspiel von der „Arbeit der SupervisandenInnen" auf dem Spielplan steht. Die Inhalte des Stückes auf „diesen Brettern, die die Welt bedeuten" wechseln, die Spieler „schreiben" in jeder Aufführung das Drama neu. Gewiß, die Supervisionskommunikation scheint real zu sein, aber die zur Verhandlung anstehende Wirklichkeit ist wie im Theater verdichtete Wirklichkeit, ist nicht real, sie bedeutet die Welt und ihre Wirklichkeit. Sie kann Realität gar nicht fassen: sie reduziert, damit sie mitteilbar wird. Das Stück, das auf der Supervisionsbühne gespielt wird gibt Ausschnitte wieder, dramatisiert und unterschlägt, rafft die Zeitabläufe zusammen, verringert die Vielfalt der Nebenrollen, verengt und deutet; stellt vor allem den gerade berichtenden SupervisandenIn ins Rampenlicht, macht ihn zum Protagonisten, gibt ihm die Hauptrolle, um den sich die erzählten Personen wie Nebenrollen gruppieren. Sie bestimmt gemäß ihrer Sichtweise den Blickwinkel, sie ist ihr eigener Dichter und eigene Darstellerin. Das Stück ist Dichtung und Wahrheit in einem und nebeneinander, wie jedes Spiel.

Im Supervisionsspiel verdichtet Konfrontation noch einmal mehr. Sie überpointiert, vereinfacht, konzentriert auf einen Punkt hin und bündelt die Fülle von möglichen diagnostischen Komplexitäten zu einem einzigen Thema. Wie in Shakespeares Stücken ist sie Theater im Theater. Im Scheinwerferlicht erscheint die Essenz des Stückes. Verbunden mit dem Lachen ist Konfrontation Lustspiel oder Satire. Immer jedoch – ob Drama oder Komödie – setzt sie das Unerwartete in Szene – wie das Ei des Kolumbus, wenn es aufrecht auf dem Tisch steht.

Konfrontation als Ver-Dichtung ballt zusammen, wirft ein Schlaglicht und wenn sie trifft, ist es wie der Aufprall eines Balles, Lichtstrahls oder Schlag. Nähe entsteht und es wird dicht. Schmerzhaft getroffen, begleitet von befreienden Tränen oder schüttelndem Lachen und manchmal von beiden gleichzeitig kann Konfrontation das Tor zur Veränderung aufstoßen.

In der Arbeitsgruppe bei den Supervisionstagen 1987 inszenierten wir die berichteten Konfrontationen in immer wieder neuen Rollenspielen. Theater im Theater. Teilnehmer spielten in den Untergruppen, die gebildet wurden, um das Rollenspiel in der Großgruppe vorzubereiten, die Vorbereitung selbst als ein Rollenspiel, als fünfte oder sechste Ebene von Verdichtung, wer wollte da noch zählen? Die scheinbar so feste Oberfläche alltäglicher Wirklichkeit wurde brüchig, scheinbar gesicherte Realität stand neben neukonstruierter; aus den Verdichtungen vervielfältigten sich die Deutungen; Wirklichkeit erschien als die Facette unterschiedlich gedeuteter Wirklichkeit der Beobachter und der Akteure.

Verfestigte Sichtweisen wurden erschüttert. Alternativen, um anderen, für die Situation vielleicht passenderen Sinn zu konstituieren, wurden möglich. Der Handlungsspielraum vergrößerte sich. Oder im Bild des Theaters: Der Bühnenraum weitete sich für die Zuschauer und Spieler, das Hemmende wurde spielend mit leichter Hand weggeräumt.

Versuchen wir zum Schluß noch so etwas wie die „Szenenfolge" der Konfrontationen über einen längeren Supervisionsprozeß hinweg zu systematisieren. Im „ersten Akt" ist der SupervisandIn bei einer Konfrontation nicht selten unsicher, erstaunt und irritiert. Er fühlt sich manchmal unverschämt (schamlos, ohne Scham) behandelt. Sein Erwartungssystem gerät durcheinander. Aber oft geschieht noch etwas anderes: Überrascht stellt der SupervisandIn fest, daß der SupervisorIn ihn versteht, nicht selten verbunden mit dem Ärger über den SupervisorIn, die ihm auf die Schliche gekommen ist. Wo er doch gerade diese Seite schamhaft verbergen wollte. Die dadurch entstandene Nähe des Verstehens (besonders, wenn die Konfrontation durch Humor abgefedert wurde) bringt den SupervisandenIn dazu, daß er eine Zuneigung zum SupervisorIn entwickelt, oft mit sehr gemischten Gefühlen. Manchmal wird außerdem in Auswertungen die Lust an der „Rauferei", die Freude an der kämpferischen Auseinandersetzung mit dem SupervisorIn erwähnt.

Im „zweiten Akt" beginnt der SupervisandIn zu protestieren. Er wird störrisch, aber er lernt auch, daß er sich ändern muß und nicht der SupervisorIn; daß er den SupervisorIn nicht einbeziehen kann in ein „Spiel ohne Grenzen" oder ein „Spiel ohne Ende", das sich im Kreise dreht. Die Rollen im Stück werden klar. Die Figuren gewinnen Kontur.

Im „dritten Akt" ist dann der Höhepunkt des Schauspiels erreicht. Der SupervisandIn protestiert jetzt lautstark. Oft versucht er dem SupervisorIn zu beweisen, daß er im Unrecht ist und unangemessen interveniert hat. Er aktiviert seine Kräfte. Seine Identität und seine eigenen Deutungen stehen im Mittelpunkt der Handlung.

Im „vierten Akt" endlich integriert sich das Gelernte. Der SupervisandIn protestiert bei Konfrontationen immer weniger, und wenn dann lächelnd oder humorvoll. Er äußert, daß die überspitzten Konfrontationen des SupervisorsIn längst überholt seien, und er Interventionen benütze, die im vorigen Akt noch angemessen wären, jetzt aber reine Zeitvergeudung seien. Das Theaterstück wird langweilig, im Parkett entsteht Unruhe und auf den oberen Rängen drängt das Publikum bereits zu den Ausgängen.

"Jedoch was tust du nun?
Wenn gleich der Vorhang
fällt, – was tust du; dann
Etienne?"
*Mulisch: Höchste Zeit
(S.298)*

Literatur:

Eco, U.: Der Name der Rose, München und Wien 1982
Farrelly, F. und J.M. Brandsma: Provocative Therapy, Meta Publications, Cupertino, CA 1974
Freud, S.: Der Witz und seine Beziehung zum Unbewußten, Frankfurt 1958
Fry, H.: Sweet madness, Pacific Books, Palo Alto, CA 1963
Goethe, J.W.: Italienische Reise, Hamburger Ausgabe, München 1982; S. 327ff, 462ff, 531
Mulisch, H.: Höchste Zeit, München und Wien 1987
Der niederländische Autor beschreibt in diesem Roman, wie eine Schauspieltruppe ein Theaterstück einübt, in dem die Darsteller bis auf die Hauptfigur unter dem Namen auftreten, den sie auch im Alltag tragen. Das eingeübte Stück hat das Einüben von Shakespeares Sturm zum Inhalt.

Weitere Bücher, von denen wir meinen, daß sie zum Thema Konfrontation in der Supervision passen könnten, wenngleich diese Bücher genauso wenig, wie die vorstehend genannten Bücher Supervision behandeln:

Bachtin, M.: Rabelais und seine Welt. Volkskultur als Gegenkultur. Frankfurt 1987
Bateson, M.: Ökologie des Geistes, Frankfurt 1981
Buber, M.: Die Erzählungen der Chassidim, Zürich 1949
Foucault,M.: Von der Subversion des Wissens, Frankfurt 1987
Nigg, W.: Von Heiligen und Gottesnarren, Freiburg, Wien, Basel 1960
Pirsig, R.M.: Zen und die Kunst ein Motorrad zu warten, Frankfurt 1978
Watzlawick, P.(Hg.): Die erfundene Wirklichkeit. Wie wissen wir was wir zu wissen glauben? Beiträge zum Konstruktivismus, Serie Piper, München 1986
van der Wetering, J.W.: Ein Blick ins Nichts. Erfahrungen in einer amerikanischen Zen-Gemeinde, Reinbek bei Hamburg 1985

Aachener Supervisionstage

Die Aachener Supervisionstage wurden 1987 zum ersten Mal veranstaltet. In Zukunft sollen sie immer Ende Mai oder Anfang Juni in Aachen stattfinden. Ursprünglich war es eine Veranstaltung der beiden Institute, des Fortbildungsinstituts für Supervision e.V. Münster und des Instituts für Beratung und Supervision Aachen.

Auf den ersten Aachener Supervisionstagen 1987 wurde ein Veranstaltungsteam gegründet, das die zukünftigen Supervisionstage inhaltlich und methodisch planen und durchführen wird. Die beiden Institute übernehmen die organisatorische Trägerschaft.

Diesem Veranstaltungsteam gehören an:

Christiane Beilfuß, Dipl. Sozpäd., Supervisorin, Gestalttherapeutin, geschäftsführende Direktorin des Instituts für Beratung und Supervision, Aachen

Prof. Dr. phil. Wolfgang Boettcher, Supervisor, Ruhr-Universität, Bochum

Dr. phil. Albert Bremerich-Vos, Supervisor, Rheinisch-Westfälische Technische Hochschule, Aachen

Elfi Gorges, Dipl. Psych., Psychotherapeutin, Supervisorin, Krefeld

Oriana Kallabis, Dipl. Sozwiss., Supervisorin, Bochum

Prof. Dr. paed. Heinz Jürgen Kersting, B.A. theol., Supervisor, Fachhochschule Niederrhein, Fachbereich Sozialwesen und Institut für Beratung und Supervision, Aachen

Dr. paed. Lothar Krapohl, Dipl. Päd., Dipl. Sozpäd., Supervisor, Katholische Fachhochschule NW, Abteilung Aachen, und Institut für Beratung und Supervision, Aachen

Gerhard Leuschner, Dipl. Sozarb., Supervisor, Trainer für Gruppendynamik im DAGG, Leiter des Fortbildungsinstituts für Supervision e.V., Münster

Angelica Lehmenkühler-Leuschner, Dipl. Psych., Psychotherapeutin, Supervisorin, Münster

Johannes Schaaf, ev. Theologe, Dipl. Päd., Trainer für Gruppendynamik im DAGG, Neuental-Bischhausen

Gerhard Wittenberger, Dipl. Supervisor, Trainer für Gruppendynamik im DAGG, Kassel

Inge Zimmer, Dipl. Psych., Supervisorin, Trainerin für Gruppendynamik im DAGG, Marburg

Fortbildungsinstitut für Supervision e.V., Münster

Das Fortbildungsinstitut wurde von einer Gruppe praxiserfahrener Supervisoren in Zusammenarbeit mit einigen Hochschullehrern gegründet
- zur Entwicklung und Durchführung praxisberatender Fortbildung, besonders für Fachkräfte im Sozial- und Bildungsbereich und in psychotherapeutischen Arbeitsfeldern
- zur Team- und Konzeptberatung in Organisationen
- zur Weiterentwicklung von Beratungsmethoden und Konzepten durch Modellversuche und Praxisforschung.

Unserer Arbeit liegt ein gemeinsames Verständnis von Supervision als angewandter Gruppendynamik und angewandter Psychoanalyse zugrunde. Supervision ist eine Beratungsmethode zur Analyse und zur Beeinflussung psycho-sozialer und struktureller Arbeitsabläufe. Dies geschieht tendenziell personenzentriert zur Entwicklung beruflicher Identität in Einzel- oder Gruppensupervisionen und in Balint- und Kontrollgruppen und tendenziell strukturorientiert in Teamsupervisionen und Organisationsberatungen. Dabei bleibt die Spannung zwischen Berufsperson und Organisationsstruktur unaufhebbar im Blickpunkt des Beratungsprozesses.

Unsere langjährige Supervisorentätigkeit erstreckt sich vorwiegend auf den sozialen, den therapeutischen und den Bildungsbereich. Daneben beschäftigt uns seit langem die Frage der Übertragbarkeit von Supervision auf andere Arbeitsfelder. So konnten wir inzwischen Erfahrungen sammeln mit Gewerkschaftsgremien, Projektgruppen im Rahmen der Entwicklungshilfe oder mit Arbeitsgruppen aus Verbänden und Verwaltung. Schwerpunkte unserer Arbeit sind die Aus- und Fortbildung von Supervisoren und die konzeptionelle Weiterentwicklung von Supervision.

Unser Interesse erstreckt sich auch aud den Austausch und die Kooperation mit anderen Institutionen, die sich mit der Aus- und Fortbildung und der Konzeptentwicklung von Supervision beschäftigen.

Gerhard Leuschner

Fortbildungsinstitut für Supervision e.V., Emsstr. 58, 4400 Münster; Tel.: 0251/234894

Das Institut für Beratung und Supervision, Aachen

Das Institut für Beratung und Supervision, Aachen wurde 1985 von SupervisorenInnen, Erwachsenenbildnern, Organisationsberatern, SozialpädagogenInnen, SozialarbeiterInnen, die in der Praxis und in der Hochschulausbildung tätig sind, gegründet.

Die Ziele des Instituts sind:
- die Fort-und Weiterbildung von Mitarbeitern in der sozialen, pädagogischen, pastoralen und therapeutischen Arbeit;
- die Beratung von Organisationen und Institutionen;
- die Förderung des nationalen und internationalen Erfahrungsausstausches zwischen Sozialarbeitern/Sozialpädagogen/Therapeuten/SupervisorenInnen u.a. als:
- Mitträger der Aachener Supervisorentage;
- Mitintiator der Dias de Trabajo Social en Navarra (Internationale Gesprächstage über Soziale Arbeit);
- Zusammenarbeit mit:
- der School of Social Work, Boston University, USA;
- der Escuela Universitaria de Trabajo Social, Pamplona, Spanien
- der Hoge School V.O., Nijmegen, Niederlande;
- dem Kath. Instituut voor voortgezette Sociaal-Pedagogische Opleidingen, Nijmegen, Niederlande;
- die Mitwirkung am Theoriebildungsprozeß Sozialer Arbeit und Supervision;
- die Durchführung und Dokumentation von Forschungsvorhaben, insbesondere Handlungsforschungsprojekte:
- abgeschlossene Projekte: Schulsozialarbeit, Curriculumprojekt zur Fort- und Weiterbildung von Sozialarbeitern/SozialpädagogenInnen;
- laufende Projekte: Selbsthilfeprojekte und Alternativorganisationen, Diagnose und Intervention in Supervisionsprozessen;
- die Vermittlung von Beratung, Supervision, Balintgruppen und Organisationsentwicklung.

Die Schriften des Instituts für Beratung und Supervision erscheinen im gleichnamigen Verlag.

Das Institut wird geleitet von: Christiane Beilfuß, Geschäftsführende Direktorin; Prof. Dr. Heinz Jürgen Kersting, wissenschaftliche Begleitung; Dr. Lothar Krapohl und Georg Nebel, Dipl. Sozialarb.

Christiane Beilfuß

Institut für Beratung und Supervision, Heckstr. 25, 5100 Aachen; Tel.: 0241/554815

Schriften des Instituts für Beratung und Supervision

Lothar Krapohl: Erwachsenenbildung – Spontaneität und Planung

Vorwort: Prof. Dr. Dr. h.c. Franz Pöggeler
Nachwort: Prof. Louis Lowy, PhD

Der Autor, Dr. päd., Dipl. Päd., Dipl. Sozpäd. und Supervisor ist seit 1980 Dozent an der Kath. Fachhochschule NW, Abteilung Aachen für Jugend- und Erwachsenenbildung/Supervision. Seit 1974 ist er in der Jugend- und Erwachsenenbildung tätig. Er ist Mitbegründer und Mitglied im Leitungsteam des Instituts für Beratung und Supervision (IBS) Aachen.

In dem Buch von Lothar Krapohl wird ein Handlungsmodell für Erwachsenenbildungsveranstaltungen entwickelt, das allen Beteiligten einerseits Möglichkeiten zur Planung an die Hand gibt und andererseits den erforderlichen Raum läßt, damit sich die für das Lernen von Erwachsenen wichtige Spontaneität ereignen kann.

„Der Titel verspricht einiges. Spontaneität und Planung – diesen pädagogischen Widerspruch mit einem ‚und' zu versehen, das ist eine spannende Behauptung. Das Ergebnis meiner Lektüre sei vorweggenommen: Es gelingt Krapohl, sowohl theoretisch als auch praktisch, eine sinnvolle Verbindung herzustellen. Auf der theoretischen Ebene verbindet Krapohl Gedanken der ‚agogischen Aktion' – eine in der niederländischen Erwachsenenbildung entwickelte systematische Folge von Schritten (Wahl der Klienten/Adressaten, Problemformulierung, Festlegung von Veränderungszielen anhand einer Diagnose, Strategiewahl, Durchführung, Auswertung), die auf Lewin und vor allem auf Lowy fußt, mit Vorstellungen des ‚offenen Curriculums', die vor allem die Mitbestimmung und Mitgestaltung von Lernzielen durch die Betroffenen betonen.
Auf der Ebene pädagogischer Praxis wird diese Verbindung von Planung und Spontaneität an einem Beispiel durchbuchstabiert. Ein Kurs zur Mitarbeiterfortbildung in der Jugendarbeit wird ausführlich dokumentiert und anhand des Widerspruchspaares Spontaneität/Planung durchdacht. Dieser Teil bietet dem Leser Material zur praktischen Arbeit mit Gruppen im sozialen Feld....
Die Darstellung der Kompetenzen, die ein Erwachsenenbildner zur Durchführung einer so konzipierten Fortbildung benötigt, wird mit einer ausführlichen Vorstellung von Supervision verbunden. Dies ist eine sehr sinnvolle Verbindung, da die komplexen Prozesse von Spontaneität und Planung eine entsprechende praxisnahe Reflexionsinstanz geradezu fordern. Supervision hat hier ihren rechten Platz."
Dr. Peter Berker in Jugendwohl 1/1988

„Dieses Buch von Lothar Krapohl ist ein wichtiger Beitrag zur Erforschung und Weiterentwicklung der Erwachsenenbildung in der Bundesrepublik Deutschland."
Prof. Louis Lowy PhD, Boston University

„Wenn im Sinne des hier entwickelten Modells der Mitarbeiterfortbildung in Zukunft kontinuierlich gearbeitet wird, darf man darauf hoffen, daß auch in der Bundesrepublik Deutschland endlich eine gute Kooperation zwischen Erwachsenenbildung und Sozialarbeit zur Geltung kommt, ja auch eine innerhalb der Sozialarbeit praktizierte Weiterbildung angemessen anerkannt wird."
Prof. Dr. Dr. h.c. Franz Pöggeler, RWTH Aachen

ISBN 3-9801175-1-0   264 Seiten   28.80 DM

Bestellungen über den Buchhandel oder unmittelbar beim Verlag des Instituts für Beratung und Supervision, Heckstr. 25, 5100 Aachen

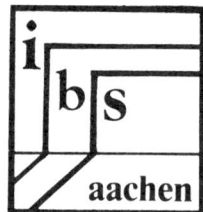

Institut für Beratung und Supervision
Pommerotter Weg 19 - 5100 Aachen
Telefon 02 41 / 60 35 50

Das Institut wurde 1985 von SupervisorInnen, Erwachsenenbildnern, Organisationsberatern, SozialabeiterInnen und SozialpädagogInnen, die in der Praxis und in der Hochschulausbildung tätig sind, gegründet.

Die Ziele des Instituts sind:

- die Fort- und Weiterbildung von Mitarbeitern in der sozialen, pädagogischen und therapeutischen Arbeit;
- die Mitwirkung am Theoriebildungsprozeß sozialer Arbeit und Supervision;
- die Förderung des nationalen und internationalen Erfahrungsaustausches;
- die Förderung und Dokumentation von Forschungsprojekten.

Das Institut ist **Mitveranstalter** der Aachener Supervisionstage und der Dias de Trabajo Social en Navarra (internationale Gesprächstage über Soziale Arbeit). Das Institut ist **Mitglied** der Deutschen Gesellschaft für Supervision e.V.

Zur Zeit bietet das Institut für Beratung und Supervision folgende **Fortbildungsveranstaltungen** an:

- Ausbildung zum Supervisor/Supervisorin
  (Die Ausbildung entspricht den von der Deutschen Gesellschaft für Supervision e.V. festgesetzten Ausbildungsstandards)
- Intensivfortbildung in Sozialer Gruppenarbeit/Social Group Work
  (Leiten, Begleiten und Beraten von Gruppen)
- Ausbildung zum systemischen Familienberater/Familienberaterin
- Grundkurs und Aufbaukurs in Personen-zentrierter Gesprächsführung
- Fortbildungen zur Teamsupervision
- Workshops zur Supervision und zu Beratungsstrategien
- Arbeiten mit dem Personalcomputer im sozialen Bereich
- Selbsterfahrungsseminar in Gruppendynamik und Gestaltarbeit

Ausführliche Informationen sind beim Institut erhältlich.

Vorstand des Instituts: Prof. Dr. Heinz Kersting, Vorsitzender der Deutschen Gesellschaft für Supervision e.V., Dr. Lothar Krapohl, Dipl.-Sozpäd. Christiane Beifuß, Dipl.-Sozarb. Georg Nebel.

MitarbeiterInnen und KursdozentInnen des Instituts:
Dipl.-Psych. Heide Cardinal, Dipl.-Päd. Jürgen Damen, Gisela Dransfeld-Nießen, Pädagogin, Prof. Dr. Martha Fehlker, Dr. José Galparsoro, Traudi Günther, Familienberaterin, Barbara Hamann, Supervisorin, Dipl.-Psych. Wolf Jordan, Dipl.-Sozpäd. Rainer Haseler, Prof. Jesus Hernandez, Dipl.-Sozarb. Meggy Hills, Dipl.-Psych. Kurt Pelzer, Dipl.-Psych. Anna Schubert, Prof. Dr. Wolfgang Schlüter, Prof. Dr. Hans-Christoph Vogel und Monika Welters, Administration.